JN068205

戦時下の箱根駅伝

「生と死」が染み込んだタスキの物語

早坂 隆

ワニブックス
PLUS新書

スタート前、靖國神社にて。日大１区の手島弘信

往路のスタートを切る選手たち

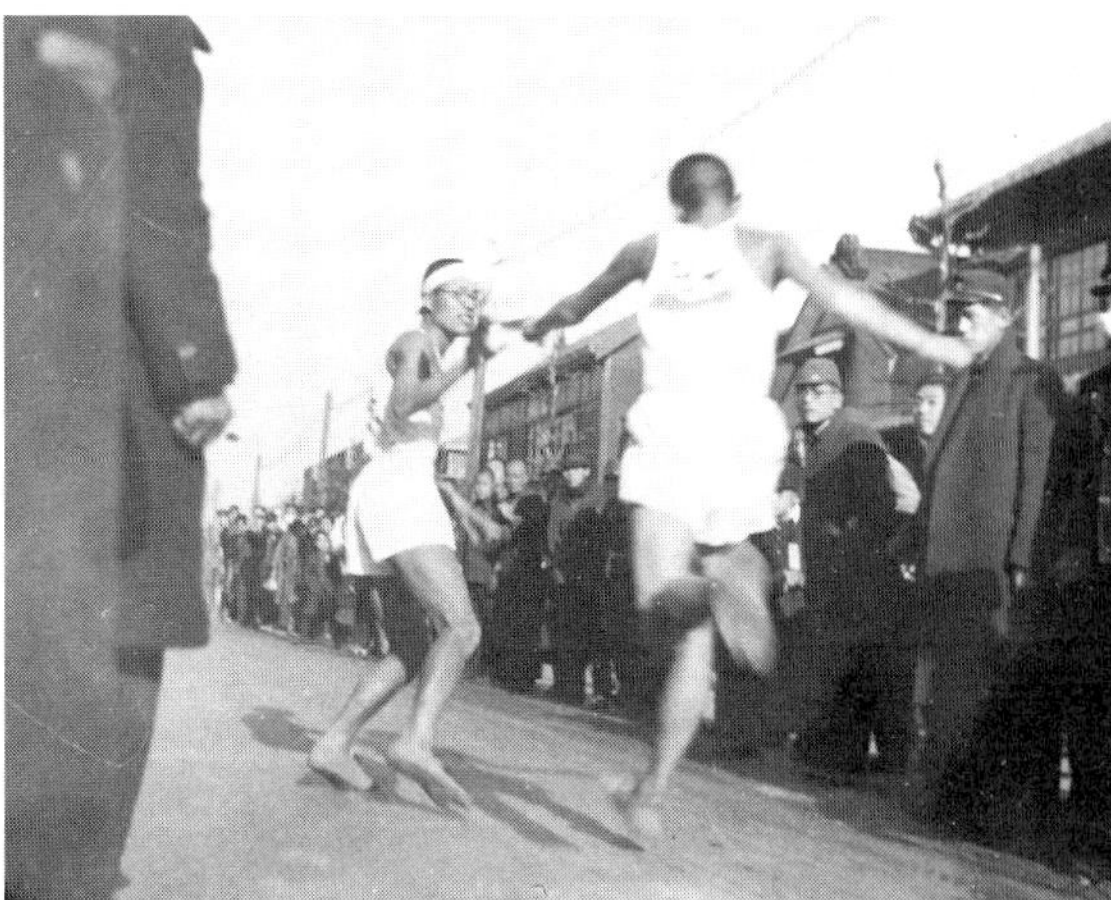

日大９区の横田文隆から10区の永野常平へ

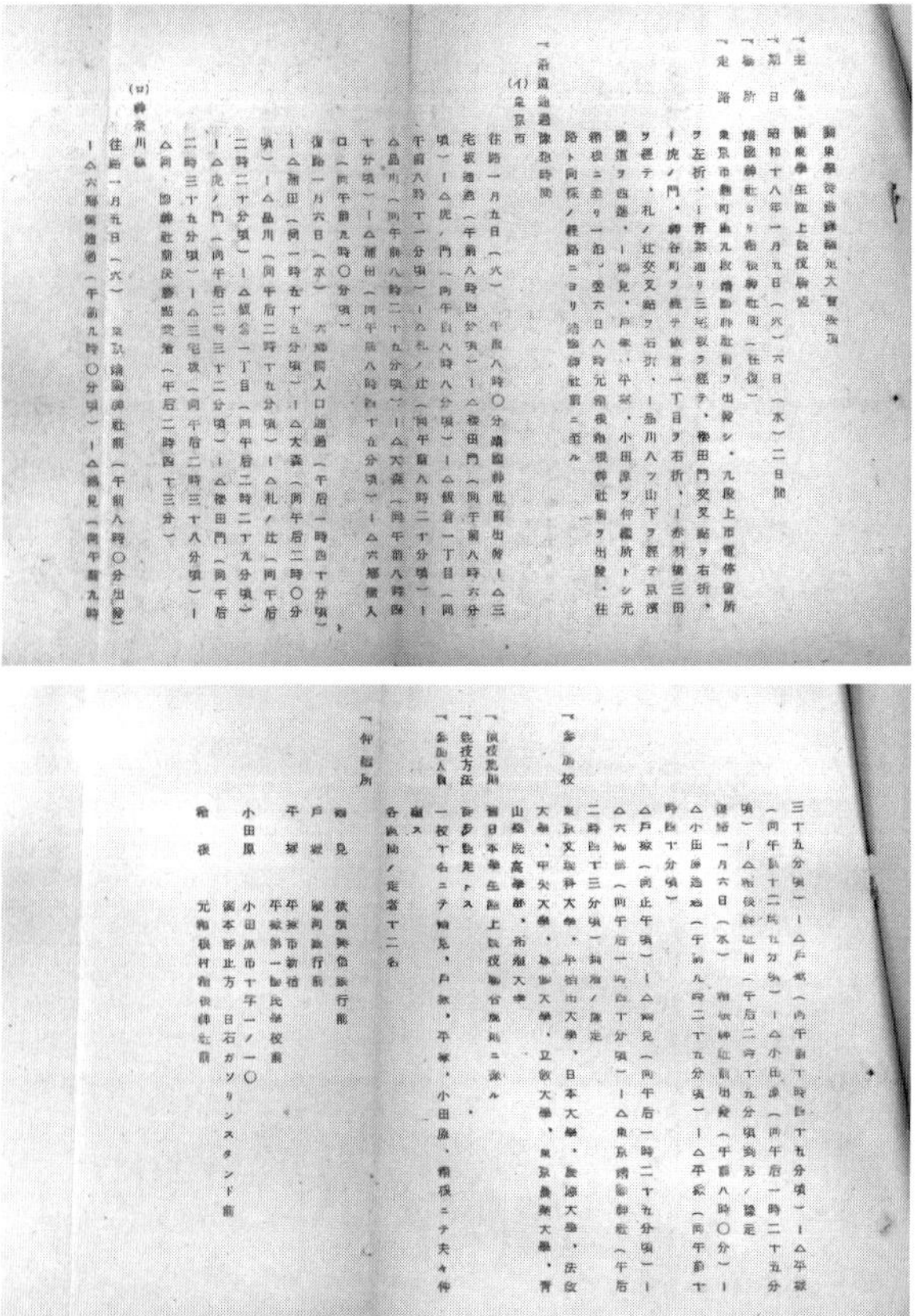

關東學徒鍛錬繼走大會要項

一、主催　關東學生陸上競技聯盟

一、期日　昭和十八年一月五日（火）六日（水）二日間

一、場所　靖國神社ヨリ箱根神社間（往復）

一、走路　東京市麹町區九段靖國神社前ヲ出發シ、九段上市電停留所ヲ左折、－青葉通リ三宅坂ヲ經テ、櫻田門交叉點ヲ右折、－虎ノ門、神谷町ヲ經テ飯倉一丁目ヲ右折、－赤羽橋三田ヲ經テ、札ノ辻交叉點ヲ右折、－品川八ツ山下ヲ經テ京濱國道ヲ西進、－鶴見、戸塚、平塚、小田原ヲ中繼所トシ元箱根ニ至リ一泊ノ翌六日八時元箱根箱根神社前ヲ出發、往路ト同様ノ經路ニヨリ靖國神社前ニ至ル

一、各區通過豫想時間

（イ）東京市

往路一月五日（火）　午前八時〇分靖國神社前出發－△三宅坂通過（午前八時四分頃）－△櫻田門（同午前八時六分頃）－△虎ノ門（同午前八時八分頃）－△飯倉一丁目（同午前八時十一分頃）－△札ノ辻（同午前八時二十分頃）－△品川（同午前八時二十九分頃）－△大森（同午前八時四十分頃）－△蒲田（同午前八時四十五分頃）－△六郷橋入口（同午前九時〇分頃）

復路一月六日（水）　六郷橋入口通過（午後一時四十分頃）－△蒲田（同一時五十五分頃）－△大森（同午後二時〇分頃）－△品川（同午後二時十九分頃）－△札ノ辻（同午後二時二十分頃）－△飯倉一丁目（同午後二時二十九分頃）－△虎ノ門（同午後二時三十二分頃）－△櫻田門（同午後二時三十八分頃）－△同、靖國神社前決勝點到着（午後二時四十三分）

（ロ）神奈川縣

往路一月五日（火）　東京靖國神社前（午前八時〇分出發）－△六郷橋通過（午前九時〇分頃）－△鶴見（同午前九時三十五分頃）－△戸塚（同午前十時四十五分頃）－△平塚（同午前十一時五分頃）－△小田原（同午後一時二十五分頃）－△箱根神社前（午後二時十九分頃到着ノ豫定

復路一月六日（水）　箱根神社前出發（午前八時〇分）－△小田原通過（午前九時二十五分頃）－△平塚（同午前十時四十分頃）

△戸塚（同正午頃）－△鶴見（同午後一時二十五分頃）－△六郷橋（同午後一時四十分頃）－△東京靖國神社（午後二時四十三分頃）到着ノ豫定

一、参加校　東京文理科大學、早稻田大學、日本大學、慶應大學、法政大學、中央大學、專修大學、立教大學、東京農業大學、青山學院高等部、拓殖大學

一、競技規則　大日本學生陸上競技聯合規則ニ據ル

一、競技方法　徒歩競走トス

一、参加人數　一校十名ニテ鶴見、戸塚、平塚、小田原、箱根ニテ夫々仲繼ス

各區間ノ走者十二名

一、仲繼所

鶴見　横濱興信旅行部

戸塚　駿河旅行部

平塚　平塚市新宿　平塚第一國民學校前

小田原　小田原市十字一ノ一〇　濱本部止方　日石ガソリンスタンド前

箱根　元箱根村箱根神社前

関東学生陸上競技連盟（関東学連）から靖國神社に提出された「関東学徒鍛錬継走大会要項」

戦後復活大会の
ゴールシーン。
1947年1月5日

新書版まえがき

本書は平成二八（二〇一六）年に刊行された『昭和十八年の冬　最後の箱根駅伝　戦時下でつながれたタスキ』（中央公論新社）を改題、加筆、修正した復刻新書版である。

令和六（二〇二四）年一月二、三日、箱根駅伝は「第一〇〇回」という記念すべき大会を迎える。今や日本の正月の風物詩となっている箱根駅伝だが、今日に至るまでには多くの苦労と困難があった。

その最たるものが、大東亜戦争（太平洋戦争）下の昭和一八（一九四三）年に断行された「戦時下の大会」である。

スタート地点は靖國神社。往路のゴールは箱根神社だった。出場校は一一校。参加した選手たちは、どのような青年であったのか。何を思い走ったのか。そして、彼らは大会後、戦地に赴いていかなる経験をしたのか。実際にこの大会を走った方々を見つけ出し、話を聞くことができたのは僥倖《ぎょうこう》であった。

本書の前半では、箱根駅伝のはじまりから、その発展期、そしてどのように戦時下の大会に流れていったのか、その戦前全体の流れがわかるよう留意して書いた。戦前戦中の箱根駅伝に関する書籍はいくつかあるが、その記述の中には残念ながら誤記も散見される。本書は戦時下の箱根路を走った選手たちの生き様に関するノンフィクションだが、戦前戦中の箱根駅伝史としても読める内容を目指した。

戦後も八〇年近くが経ち、戦争体験の継承も困難な状況となっている。戦争と聞いても、ピンとこない若者が増えている。否、若者だけでなく、大半の日本人が戦争を忘れかけている。そんな今だからこそ、箱根駅伝という身近な存在を通じて、戦争について考える一つのきっかけとしてほしい。戦時下でも箱根駅伝が行われていたという「教科書に載っていない」史実は、多くの人たちにとって意外な話に聞こえるだろうが、率直に興味と関心を呼ぶ事柄ではないだろうか。

第一回大会以来、無数の選手たちによって繋がれてきたタスキ。そのタスキに込められた意味の本質を考える一〇〇回大会となってほしい。

そして、戦争と平和について真摯に考える気持ちも、タスキのように後世に繋がれていってほしいと思う。

令和五年一一月一二日　早坂隆

第4章　大会復活～戦後の歩み

プロローグ

俗に「最後の早慶戦」と呼ばれる野球の試合がある。

正式名称を「出陣学徒壮行早慶戦」と言う。昭和一八（一九四三）年一〇月一六日、早稲田大学野球部と慶應義塾大学野球部の間で行われた試合のことである。

しかし、その約九カ月前にあたる同年一月、「最後の箱根駅伝」と呼ぶべき大会が催されていた事実は、あまり知られていない。

現在、この「戦時下の箱根駅伝」は、第二二回大会として正式に認定されている。しかし、この大会は公式記録から除外された時期があったため、時に「幻の大会」と呼ばれることもある。

箱根駅伝を主催する関東学生陸上競技連盟

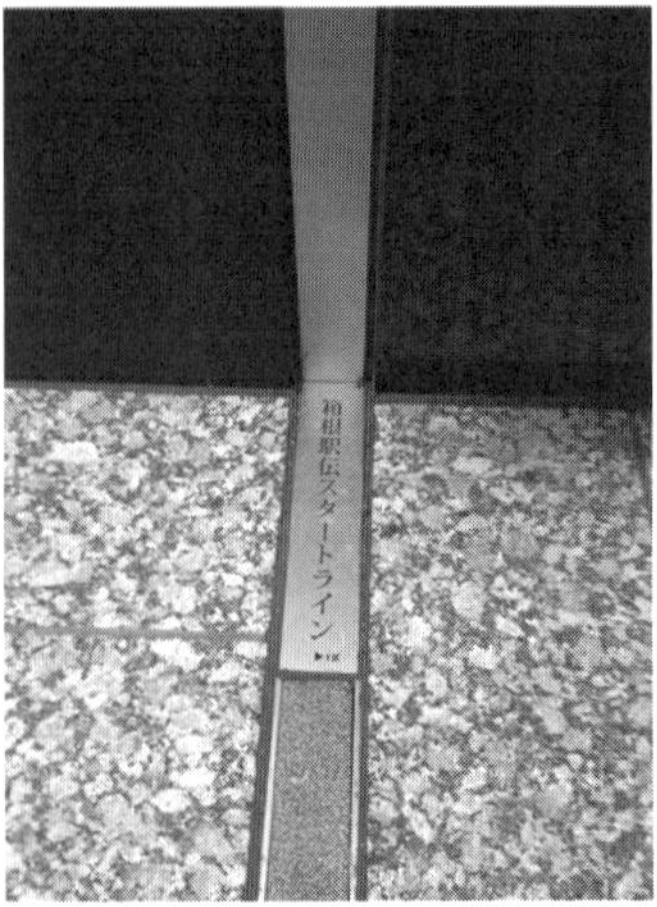

読売新聞ビルにあるスタートライン

〈関東学連〉の副会長と総務委員長を兼任（取材時）する日隈《ひぐま》広至さんは、この点についてこう話す。

「実は箱根駅伝は昭和一六年に舞台を青梅に移して行われているのですが、〈幻の大会〉と言えばこの〈青梅大会〉を指すことになります。青梅での大会は二度にわたって開催されていますが、現行の正式な記録としては公認されておりません。ですから、青梅大会こそ〈幻の箱根駅伝〉ということになります。昭和一八年の箱根駅伝は〈幻〉ではありませんよ」

昭和一七（一九四二）年の八月に行われた甲子園大会（全国中等学校優勝野球大会）は、「幻の甲子園」と称される。これは、この大会の主催者が従来の朝日新聞社ではなく、文部省とその外郭団体である大日本学徒体育振興会だったことによる。主催者の違いから正式の大会として公認されず、「別大会」の扱いになっているためだ。朝日新聞社の公式記録では今も「昭和十六～二十年　大会中止」となっている。

それに比して、昭和一八年に開催された箱根駅伝は、それまで通り関東学連の主催によって執り行われた。この点については幾つかの「謎」も残っており、それは後に詳述することになるが、この「関東学連が主催した」という事実は極めて重要である。この大会が「幻」ではなく、正式な記録として認められている理由はここにある。

そして、この昭和一八年大会とは、戦時下で一旦は開催中止に追い込まれていた箱根駅伝の「復活大会」でもあった。当時、東京農業大学の陸上競技部に所属していた百束《ひゃくそく》武雄さん（九三歳・取材時）は、往時の心境をこう回想する。

「箱根駅伝の復活を知った時の気持ちですか？　そりゃ『よし』と思いましたよ。一度は諦めていましたから。当時は学徒出陣はまだですけれども、繰り上げ卒業による徴兵検査はすでに始まっていました。『この駅伝が終わったら戦争。これが最後の箱根駅伝だ』という覚悟を持ってレースに臨んだことを覚えています」

この「戦時下の箱根駅伝」とは、一体どのような大会だったのか。その実像という遥かなるゴールに向けて、一歩ずつ前に進んでいきたいと思う。

本書は『昭和十八年の冬　最後の箱根駅伝　戦時下でつながれたタスキ』（二〇一六年九月、中央公論新社発行）に新たな題名を付し、新書化したものです。

新書化にあたっては、全面的に加筆しました。

引用文の表記については以下を原則としました。
　①一部、旧字体・旧仮名遣いを新字体・新仮名遣いに改めました。
　②一部、漢字を仮名に替え、送りがなを加除し、振り仮名を補いました。
　③改行を施す、または追い込んだ箇所があります。
本文中で一部敬称を省略しました。

本書の肩書、数値などは、原則として二〇一六年九月時点のものです。

第1章　箱根駅伝の誕生と中止

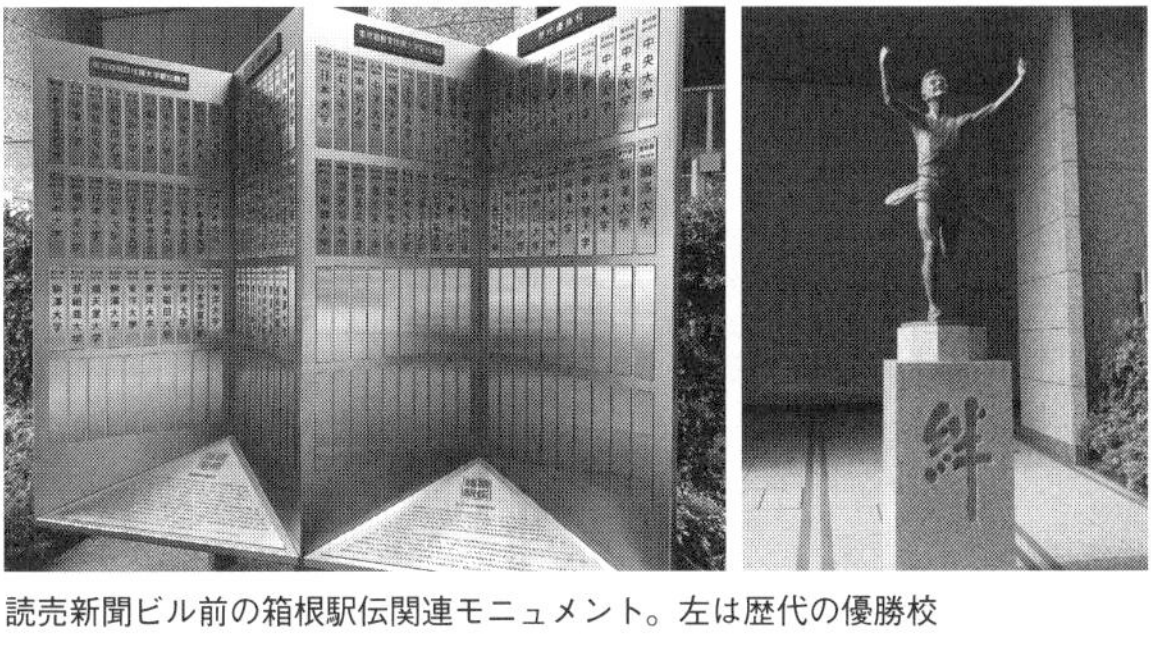

読売新聞ビル前の箱根駅伝関連モニュメント。左は歴代の優勝校

箱根駅伝の父・金栗四三

上野恩賜公園内の不忍池のほとりに、一つの石碑が建っている。そこには「駅伝の歴史ここに始まる」という文字が記されている。

なぜ、この場所にこのような石碑が建立されているのだろうか。

その謎を解くには、駅伝のルーツを遡る必要がある。

「駅伝」という競技は、日本が発祥である。

大正六（一九一七）年四月二七日、「東京奠都《てんと》五十周年」の記念として読売新聞社の主催による「東海道五十三次関東関西対抗駅伝競走」という大会が挙行された。これが、「駅伝」という言葉が冠された初めての大会である。

上野恩賜公園内にある石碑「駅伝の歴史ここに始まる」

発案したのは、当時の読売新聞社会部長・土岐善麿らであった。「五〇年前に明治天皇が京都から東京へ向かった道のりを、ランナーが昼夜兼行で走り継いで辿る」という構想から生まれた大会だった。土岐は石川啄木の親友だったことでも知られる。

「駅伝」という言葉の発案者は、神宮皇学館長で大日本体育協会副会長を務めていた武田千代三郎だった。武田は秋田県知事や青森県知事などを歴任した人物である。

土岐はこの武田に関して、後にこう述べている。

〈神宮皇学館長の武田千代三郎氏が陸上競技の方面に関係が深かったので、色々名前を考えてご相談したところ、東海道でもあるから「駅伝」というのはどうだろう。五十三駅を伝って来るのだし、古い文献にも「駅伝貢進」「諸国駅伝馬」などの語句が見られ、宿場宿場（平安朝にはこれを駅と呼んでいた）をつなげるのだからということであった〉（『箱根駅伝抄本』桜門陸友会）

つまり、武田は書状や荷物などを宿場ごとに人馬を交替して運ぶ「伝馬制」から命名のヒントを得たことになる。

この大会のスタート地点は京都の三条大橋、そしてゴールは東京の上野恩賜公園に設定された。計二三区間、総距離五一六キロという壮大な行程である。

走者はリレーした証明として、色の付いた布を順々に手渡していくことが義務付けられた。これがタスキの始まりで、当時は「色分けタスキ」と呼称されたという。競技は東西対抗戦の形式で、関東が「紫」、関西が「赤」だった。

この時、関東のアンカーを務めていたのが金栗四三《かなくりしそう》(「かなぐり」とも)。後に、「箱根駅伝の父」と呼ばれる名ランナーである。

金栗は明治二四(一八九一)年八月二〇日、熊本県玉名郡春富村(現・和水町)の出身。地元の玉名中学(現・熊本県立玉名高等学校)を卒業した後、明治四三(一九一〇)年に東京高等師範学校(現・筑波大学)に入学した。

同校在学中の明治四四(一九一一)年、ストックホルムオリンピックに向けたマラソンの選考レースである「第一回全国二五マイル競走大会」に出場。金栗はこのレースで見事に優勝を果たし、オリンピックの出場権を得た。日本にとってこの大会が初めてのオリンピックへの参加だったため、金栗は「日本人初のオリンピックマラソン代表選手」となった。

しかし、本番のオリンピックではレース中に日射病で倒れ、近くの農家で介抱されるという不本意な結果に終わった。

金栗はその後もマラソン競技を続けたが、そんな彼が「日本初の駅伝大会」にアンカーとして参加していたのである。

冒頭で紹介した石碑は、この大会で金栗がゴールテープを切った場所に建てられている。

ちなみに、スタート地点だった京都の三条大橋にも、同じ碑が建立されている。

箱根駅伝の誕生

「日本初の駅伝大会」から二年後の大正八（一九一九）年一〇月、金栗四三は埼玉県の鴻巣《こうのす》で行われる予定の競技会で審判員を務めるため、上野駅から高崎線の列車に乗った。東京高等師範学校教授の野口源三郎、明治大学の学生だった沢田英一との同行であった。

車中で三人は、新たな駅伝大会の可能性について議論。そこで考案されたのが「アメリカ大陸横断駅伝」という未曽有の計画だった。西海岸のサンフランシスコをスタートし、アリゾナの砂漠地帯やロッキー山脈を越えて、東海岸のニューヨークまで走るという構想である。

そして、このアメリカ大陸横断駅伝の予選として、国内に新たな駅伝大会を立ち上げる計画が話し合われた。金栗は「ロードでのレースこそ、長距離ランナーの強化に繋がる」という信念を持っていた。参加対象者は、学生を想定した。

　以後の金栗らの行動は早かった。金栗は報知新聞社に赴き、資金面での支援を要請。報知新聞社は当時、すでに幾つかの駅伝大会を主催しており、運営に関して経験と実績があった。金栗は同社の事業部長だった煙山二郎と、企画課長の寺田瑛と交渉。煙山は後に東京放送局の理事などを歴任し、日本の放送事業の草創期を支えることになる人物である。

　金栗の語る構想に共感を覚えた煙山と寺田は、社内の調整に尽力。結局、報知新聞社は金栗からの要請に応え、資金面での協力を約束した。

　一方、現在の箱根駅伝の主催者である関東学生陸上競技連盟（関東学連）の発足は、大正八（一九一九）年である。この発足時に関する資料は極めて少ないが、関東学連が昭和二六（一九五一）年に編纂した『年鑑　創立三十周年記念』には、東京農業大学陸上競技部ＯＢの北沢清が寄稿した興味深い記事が掲載されている。北沢は日本学生陸上競技連合出身で、農大卒業後、新聞記者を経て文部省に入省。戦後は日本ユニバーシアード委員会委員長や日本陸上競技連盟常任理事などを歴任した。「泉大助」というペンネームで、スポーツ評論活動を行ったことでもその名を残す。そんな北沢が、関東学連の発足に関してこう書いている。

〈宮下静一郎氏は、曾て六高、東大の陸上競技を牛耳った大先輩であるが、競技的にも四百米が強く、大正六、七年頃の名選手であったのみならず、東大法学部の学生当時、学生陸上競技界の大同団結を提唱して、大正八年には全国学生陸上競技連合を結成〉

北沢の記す宮下静一郎とは、東大卒業後に満洲に渡り、ハルビンで東泰洋行という林業に関連した企業を経営、「満洲の山林王」と呼ばれることになる傑物である。この宮下に『萬朝報』の運動記者だった鷺田成男が連携する形で、全国学生陸上競技連合は発足に至ったという。

この全国学生陸上競技連合が、関東学連の「前身」に相当する。関東学連が平成一三（二〇〇一）年に刊行した『走心　関東インカレ80年史』には、こう記されている。

〈関東学生陸上競技連盟の前身、全国学生陸上競技連合は、大正8年（1919年）4月の第1回東都専門学校連合競技会で歴史の幕をあけた〉

関東学連がその後、どのような経緯で箱根駅伝の運営を担う立場になったのか。戦後に関東学連の会長を務めた廣瀬豊は、『疾走の歴史、箱根駅伝』というＤＶＤの解説文に短文を寄せているが、その中に次のような一節がある。

〈大正９年、その前年に誕生したばかりの関東学生陸上競技連盟が、報知新聞の誘いを受け入れるかたちで箱根駅伝はスタートを切りました〉

廣瀬は月刊誌『陸上競技』の編集長を務めた経験もある人物だが、彼の文章によると報知新聞社が関東学連に声を掛ける形で、箱根駅伝の運営者が決定したことになる。

ただし、当時の新聞や雑誌を見ると、報知新聞社が「主催」となっている記事が多い。現在の箱根駅伝では関東学連が「主催」、報知新聞社の後を継いだ読売新聞社が「共催」という形になっているが、当時は団体表記の定義が今と異なっていたようである。しかし、運営の構造自体は、現在とほぼ同様だったと思われる。

大会の全容

金栗は選手側と具体的な実施計画を協議するため、関東地方の大学や専門学校に声を掛け、大会への参加を打診した。

この呼び掛けに逸早く応えたのが早稲田大学だった。早大の競走部は、大会創設までの準備作業にも率先して協力。この時の同部のメンバーの中には、後の大物政治家である河野一郎の姿もあった。河野は各方面との折衝において、卓越した能力を発揮したという。

コースについてもさまざまな候補が挙がったが、交通の利便性や、急峻な山登りの区間を設けられることから「東京―箱根間の往復」で決着した。箱根の山はロッキー山脈に見立てられた。

「東京―日光」「東京―水戸」といった案も出たが、「東京―日光」は道路の不備、「東京―水戸」はコースが平坦過ぎる点が憂慮されたという。

なお、このコース決定の経緯については、冬場に観光客が減る箱根町が「町おこし」として誘致したという話もある。当時の箱根町郵便局長・石内丸吉郎が、神奈川県会議員の河野治平に相談したというのである。河野治平は河野一郎の父親である。

大会の規定としては「日比谷公園から箱根関所までの往復」「期間は二日間」「選手は一〇名」といった内容が策定された。

東京から箱根までのコースを実際に現地で調査したのは、小田原中学（現・神奈川県立小田原高等学校）に勤務していた渋谷寿光である。東京高等師範学校で長距離をやっていた経験のある渋谷は、実際にコースを踏査して道路の状況などを徹底的に研究。中継所の位置なども細かく検討した。渋谷は戦後、東京オリンピック審判団の団長を務めることになる。

以上、箱根駅伝の創設までの経緯を概括的に紐解くと、その誕生に実に多くの人物が関わっていたことがわかる。金栗が「箱根駅伝の父」であるのは間違いないが、他にも大勢の人々の熱意と努力があって箱根駅伝は生まれたのであった。戦前戦中の箱根駅伝について地道な研究を続けた黒田圭助は、社団法人・日本体育学会の『日本体育学会大会号（40）』に寄せた論考の中で次のように主張している。

〈一部陸上界の先輩の中には、〝業績は何でも　金栗さん〟にしている傾向があるけれども、これは、事実を歪曲するもので、亡き池辺四三氏（金栗は旧姓）にしても、決して嬉しい事ではなかったであろう〉

第一回大会の開催

大会の日程は大正九（一九二〇）年二月一四日に往路、翌一五日に復路というスケジュールで確定した。当初は二月一一日の紀元節を予定したが、各校とも記念式典などを控えていたために変更となった。いずれにせよ、現在のような正月の開催ではなかった。

大会の理念としては「箱根から世界へ」という言葉が掲げられた。

記念すべき第一回大会の参加校は、以下の四校である。

慶應義塾大学
東京高等師範学校（現・筑波大学）
明治大学
早稲田大学

金栗四三の母校である東京高等師範の他、「早慶明」という私立大学の雄が顔を揃えた形である。しかし、現在の隆盛を考えれば、規模の面において寂しい印象は否めない。

大会は「四大校駅伝競走」とも称された。タスキの色は、慶大が「青」、東京高等師範が「黄」、明大が「紫紺」、早大が「蛯茶《えびちゃ》（海老茶）」と決まった。

二月一四日の午後一時、遂にレースの火蓋が切られた。スタートの合図となる、

「ゴー」

の発声をしたのは金栗であった。

幾つかの資料には、スタートが午後だった理由として、「開催日が土曜日だったため、午前中に授業を受けてから始めた」と記されている。「文武両道の理念の体現だった」と賞されることもある。しかし、関東学連副会長兼総務委員長の日隈広至さんは、こんな事実を打ち明ける。

「それらの資料は実は間違っているんです。実際は、午前中に始めるつもりでスタート地点に集まったのですが、予定していた場所がデモの影響で使えなかったため、移動を余儀なくされているうちに午後になってしまったというのが真相です。話が少し美化されてしまったわけですね」

当初の予定では、スタート地点は日比谷公園だった。しかし、実際に選手たちがスタートを切ったのは、有楽町の報知新聞社前（現・読売会館）であった。

レースはこうして始まったが、近年の箱根駅伝のように沿道に大勢の観衆が集まっているような景色はなかった。各中継所の辺りに、多少の見学者が集まっている程度だったという。

スタート時刻が遅くなったため、五区の選手は日が落ちた後の真っ暗な箱根路を走らなければならなくなった。そのため、箱根町の青年団のメンバーが松明を灯して要所に立った。さらに、小田原中学の陸上部員が提灯を持ち、伴走役を務めた。選手が通過すると、その合図として猟銃の空砲が鳴らされたという。

翌日、復路は大過なく運営された。結局、この第一回大会を制したのは、東京高等師範学校だった。金栗の母校として面目躍如といったところであろう。

現在は私立大学の興隆が続いているが、第一回大会の優勝校は官立学校だったのである。

無念の大会中止

箱根駅伝の人気と知名度はその後、順調に拡大した。出場校も次第に増加し、大会の結果は新聞や雑誌で広く報じられるようになった。

大正一二（一九二三）年九月一日には関東大震災が起き、箱根駅伝の舞台である東京府（当時）と神奈川県は壊滅的な打撃を蒙ったが、それでもコースを第一京浜から旧東海道に変更するなどして、大正一三（一九二四）年一月、第五回大会は挙行された。

昭和五（一九三〇）年から翌年にかけては、いわゆる「昭和恐慌」の渦中にあったが、それでも箱根駅伝は継続された。

殊に人気が高かった地域は、そのコース柄やはり関東地方であった。コースの大半を占める神奈川県では、

「駅伝が通らなかったら正月は来ない」

とまで言われるようになった。

沿道の応援は東京から箱根に近付くほど盛大になり、平塚や小田原の中継所では屋根や電柱に登って観戦する人々の姿も見られたという。鐘や太鼓を使っての賑やかな応援も、沿道の風物詩となった。

しかし、昭和一一（一九三六）年には、二・二六事件が勃発。さらに、昭和一二（一九三七）年七月には盧溝橋事件から支那事変（日中戦争）が始まり、戦線は中国大陸の各地に拡散した。この影響により、昭和一三（一九三八）年七月、日本政府は二年後の昭和一五（一九四〇）年に予定していた東京オリンピックの開催権を返上した。

当初は短期戦を想定していた中国との戦争は、泥沼の長期戦の様相を呈した。中国大陸での戦死者は、日に日に増加していった。

加えて、アメリカとの外交交渉が難航し、対立が深化。アメリカのフランクリン・ルーズベルト政権は、「日本の中国への侵略に抗議する」として、昭和一四（一九三九）年七月、

日米通商航海条約の破棄を一方的に通告した。中国大陸に有する自国の権益を拡大したいアメリカは、蔣介石政権を支援。日米の対立は深刻な状況となった。

アメリカからの圧力はさらに増した。昭和一五（一九四〇）年六月には、特殊工作機械などの対日輸出が許可制に移行された。アメリカはイギリスやオランダとも連携し、経済封鎖を強化した。

この年の秋、そんな緊迫する社会情勢が遂に箱根駅伝にも影響を及ぼした。「大会中止」が正式に決定に至ったのである。

中止と決まった最大の要因は、国道1号の使用許可が下りなかった点にあった。日中戦争下、中国大陸の戦線に軍需物資を送るため、門司港や神戸港からは引っ切りなしに輸送船が出航していたが、その影響で国道1号の下り車線はフル稼働の状態だった。そんな状況に鑑み、国道1号での駅伝の開催に軍部が難色を示したのである。当時、駅伝で幹線道路を使用する際には、地元の警察の許可を得る必要があったが、そこに軍部が介入したのであった。

時はまさに「総力戦」の時代だった。第一次世界大戦後、世界の先進国は「総力戦」に向けた体制を強化。有事となった場合には軍隊だけでなく、工業生産や交通、財政、教育など、国内のすべての要素を戦争に動員するという「新たな戦争の形」が登場していた。こうした国際環境に対応するため、日本も「国家総動員」という名の下、戦時体制の整備を進めていた。

すでに東京の街角には「ぜいたくは敵だ！」と書かれた看板が無数に設置されていた時代である。

箱根駅伝を目指し、それまで寸暇を惜しんで厳しい練習に耐えてきた部員たちは、その決定をどのように受け止めたのであろうか。早稲田大学の競走部員だった石田芳正は、戦後にこう回想している。

〈正月早々この大戦下に屈強な若者が、学生の特権これみよがしに、ワッショイ、ワッショイ走られてたまるものか。軍用貨物自動車の邪魔になるし、軍の精神に反する。

致し方なし、泣く子と地頭には勝てず。私は、だからあの箱根駅伝は、ついぞ走れなかった。全くもって、残念至極〉（『早稲田大学競走部七十年史』早稲田アスレチック倶楽部）

ただし、当時の軍部の事情にも冷静に目を向けねばなるまい。軍部の態度を現在の私たちが批判するのは容易であるが、国家の存亡を左右する戦時下において、前線の将兵に軍需品を輸送する作業を重要視するのは、当然の瑕疵《かし》なき態度である。食糧や武器弾薬の停滞は、将兵の生死と直結する。軍部としても、必死の局面であった。

この辺りの状況を「軍部がスポーツを不条理に奪った」といった紋切り型の表現で結論付けてしまっては、この大会にまつわる苦悩の本質は見えてこなくなる。

こうして箱根駅伝は消えた。

報知新聞社と関東学連の関係

ここで、一つの新聞記事を紹介したい。

当時の新聞や雑誌を照覧していく作業の中で、小さな記事ながら気になる内容の記述が目に留まった。

それは、昭和一五（一九四〇）年九月二七日付『朝日新聞』（東京本社版）の朝刊六面に掲載されていた記事である。見出しには「報知の駅伝　中止」とあり、「学連と対立」との文字が続いている。

〈報知新聞社主催全国大学専門学校駅伝競走は冬の東都陸上競技界の主要行事の一つであっ

たが、今回参加校統括団体たる関東学生陸上競技連盟と主催者側との間に意見の対立を見、結局学連としては同大会に参加せぬ事に決定、主催者側もこれを諒とし交渉は円満に解決したが、二十一年の永い歴史を誇るこの大会が中止される事は各方面から惜しまれている〉

この記事では箱根駅伝の「中止の理由」が、報知新聞社と関東学連の対立に求められている。

しかし、そのような事実が本当にあったのだろうか。私は早速、関東学連の日隈広至さんにこの記事を送付した上で意見を求めた。日隈さんの答えは、次のようなものだった。

「このような記事は初めて見ました。学連としても把握していない話ですね。この記事を送ってもらってから、私も学連内の資料を改めて確認してみたのですが、こうした内容を示す記述は一つも見当たりませんでした。私どもとしましては、大会中止の理由はあくまでも『道路の使用許可が下りなかったため』と認識しています」

関東学連の役職の他、桐蔭横浜大学で陸上競技部の監督も務める日隈さんは、

「これはもう想像の話ということになってしまいますが」

と前置きした上で、こう続けた。

「当時の学生の意見が『とにかく駅伝をやりたい』という点にあったことは間違いありません。それは私も多くの先輩方から実際に話を聞いております。ですから、学生が自ら進んで開催を返上したというようなことは絶対になかったはずです。そこがまずこの話の前提になると思います。その上で、戦時下での大会運営に関して、報知新聞社との間に意見の相違が生じたということはあったのかもしれませんね」

戦時下という非常時において、報知新聞社が大会規模の縮小や、運営方法の抜本的な見直しなどを提案した可能性は充分に考えられる。「国道1号の使用許可が下りなかった」ことを契機として、両者の間に溝が生まれたという事態も推察できよう。

先の記事は以下のように続く。

〈一方学連ではこれに代る冬季の駅伝競走主催の計画を樹てているが大体一区間の距離を中長距離走者に適した長短のあるものとし駅伝競走自体の練習が其儘選手の専門種目に適する様な方法が採られるものと見られる〉

箱根での大会を断念せざるを得なかった関東学連が、「代替地での開催」を模索する動向を伝える内容である。関東学連は国道1号を使用する東京─箱根間での開催は無理だとしても、別の場所での挙行を諦めていなかった。

関東学連は各方面と交渉を続けた。その結果、国道1号を使用しない形での駅伝大会の開催に許可が下りたのだった。

こうして新たな開催地として選ばれたのが、東京の西部に位置する青梅であった。東京の中心部と青梅を往復する形での駅伝大会である。

なぜ、青梅だったのか。その理由を明確に証明する史料は存在しない。しかし、当時は各大学の陸上競技部が、青梅でよく合宿を行っていたという。そんな馴染みの深さから、代替地として青梅が選ばれたのではないだろうか。

第一回青梅駅伝の開催

昭和一六（一九四一）年一月一二日、こうして青梅での駅伝大会が行われた。後に「幻の大会」と呼ばれることになる青梅駅伝の開催である。

八区間、総距離一〇七キロで競われたこの大会は、「東京青梅間大学専門学校鍛錬継走大会」と銘打たれた。「鍛錬」という言葉に、往時の時代性が感じられる。

また、「継走」という言葉も今ではあまり使用されなくなったが、当時は「駅伝」のことを指して用いられる一般的な用語であった。

この青梅駅伝に関し、当時の陸上雑誌はこう伝えている。

〈我国長距離選手の登竜門ともなった報知新聞主催の東京箱根間往復駅伝競走が二十年余を継続して後、今春より都合により取止めになったことは我が競技界のために惜しむべき事であるが、これに替り新春劈頭の催し物として登場したのが、東京―青梅間第一回関東学生鍛錬競走大会である。本大会は今後継続さるべく我が長距離界に重要行事の一として取扱わることとなろう〉(『陸上競技』第十四巻第一号)

スタート地点は明治神宮水泳場前、折り返し地点は青梅の熊野神社であった。その日の内に往復されるため、日程は一日のみである。

出場校は一三校だった。早稲田大学の最終八区を任されていた石田芳正は、レースを間近に控えた一月九日、その心境を日記にこう綴っている。

〈肉体的不調、痛さは、精神的、つまり、心でカバーし、好調たらしむべし、努めよ！ 24時間ひたすらに画して、アンカーの重責を。早稲田のために、快走せん。宮本武蔵を読む〉

（『箱根駅伝70年史』関東学生陸上競技連盟）


レース当日、石田は午前七時半に起床。体操と部屋の掃除をしてから朝食を摂った。日記には「味噌汁美味」の言葉が見られる。

一区は明治神宮水泳場前から吉祥寺までの区間である。

先頭に立ったのは日本大学の河村義夫だった。続いて、東京文理科大学（現・筑波大学）、立教大学、慶應義塾大学と続く。早大は七位と出遅れた。

二区以降も日大は好調。二位との差を着実に広げていった。

結局、往路は日大がそのまま制した。充実した選手層を誇る日大陸上競技部は当時、黄金時代を迎えていた。

二位は文理大、三位には東洋大学が入った。

レースは五区から復路である。復路でも日大の各走者は快走を続け、首位をキープした。

一方、早大のアンカーである石田は、四位でタスキを受け取った。

吉祥寺の中継所をスタートした石田だったが、専修大学の安達要作に抜かれて五位に転落。石田はレース途中から、腹痛に見舞われていた。

それでも石田は粘りの走りを見せ、新宿駅西口の上り坂で、中央大学の安田英雄を抜き去り、順位を四位へと戻した。

首位を走る日大の最終走者は鈴木房重《ふさしげ》だった。鈴木は昭和一一（一九三六）年のベルリンオリンピックに出場した経験を持つ名ランナーである。

結局、鈴木も区間一位の快走を見せ、そのままゴール。日大は全ての中継所を首位で通過するという圧倒的な力を見せつけ、優勝を決めた。二位の文理大に一七分近くもの大差を付けての完勝だった。

以下、三位に専大、早大は四位でゴールした。こうして青梅大会を走り切った早大の石田だったが、彼の心中にあったのは箱根への未練だった。

〈あの、東海道、箱根路を、どうして走れなかったか。致し方ないこと（戦争激し）だが、残念でならない〉（同誌）

憧れの箱根駅伝を走れなかった無念が、短い文面に滲む。このような胸の内は、青梅駅伝に参加したすべてのランナーたちに通ずる心象であったかもしれない。

第二回青梅駅伝と対米開戦

青梅大会は無事に終わったが、日米交渉はなおも極度に緊迫した状況が続いていた。

昭和一六（一九四一）年六月、アメリカは日本への石油の輸出を許可制に移行。翌七月には、日本人の在米資産を凍結した。

そして八月、アメリカは遂に石油の対日全面禁輸へと踏み切った。石油を止められることは、中国との戦争を続けている日本にとって決定的な痛手となった。

一〇月一八日、東條英機内閣が発足。東條は対米協調派の東郷茂徳を外相に置くなどして、対米交渉に真正面から取り組んだが、アメリカに譲歩の姿勢は見られなかった。

一一月二六日、コーデル・ハル国務長官は一〇項目から成る米側要求文書、通称「ハル・ノート」を日本大使に手交。そこには「日本軍の中国からの即時全面撤兵」「蔣介石政権以外の政府の否認」「日独伊三国軍事同盟の廃棄」といった強硬な内容が並んでいた。この骨子を確認した外相の東郷は、

「これは日本への自殺の要求に等しい」

と零《こぼ》したという。

そんな「ハル・ノート」の手交からわずか四日後にあたる一一月三〇日に挙行されたのが、第二回となる青梅駅伝であった。

これはアメリカとの戦争の足音が近付く中での「繰り上げ開催」だった。学生たちの「繰り上げ卒業」を考慮した上での決定である。「早々に開催しないと中止に追い込まれてしまう」という判断もあった。

こうして、第二回となる青梅駅伝が開催された。

コースは第一回と同じであった。参加校は一校減って一二校である。

一区でトップに立ったのは、専修大学だった。しかし、二位に付けていた日本大学が二区で逆転。その後、日大は三区、四区といずれも区間一位でタスキを繋ぎ、首位をキープした。

復路に入っても、日大は快走。前回優勝校の実力を遺憾なく発揮した。

結局、日大は二位の東京文理科大学に一五分ほどの大差を付けてゴール。青梅での二連覇を達成した。

それから八日後の一二月八日、日本は真珠湾攻撃により対米戦という極めて重大な局面へと突入する。同時に、アジア各地でも進撃を開始し、戦線は一挙に拡大した。それまでの中国に加え、アメリカやイギリス、オランダとも交戦状態に入ったのである。

昭和一七（一九四二）年二月、日本軍はシンガポールを占領。国内では祝賀行事などが盛大に催された。しかし、一連のマレー・シンガポール攻略戦による日本側の死傷者は一万人近くにも及んだ。

こうした情勢のもと、三月二一日から二三日にかけて「米英撃滅祈願継走大会」と銘打たれた大規模な駅伝大会が開催された。主催は日本陸上競技連盟である。

コースは伊勢神宮から東京の宮城（皇居）前までの二六区間、約五〇〇キロ。選手は出身地別に東軍と西軍に分かれ、二チームによる対抗戦の形式で争われた。参加選手の対象は学生ではなく、大学のOBらが中心だった。

結果は西軍が三〇時間二四分二〇秒という記録で勝利を収めている。

陸上戦技部への改組

昭和一七（一九四二）年四月七日、大日本体育協会が「大日本体育会」へと改称。これを受けて、加盟競技団体は各運動部会へと再編されることになり、全日本陸上競技連盟は「大日本体育会陸上戦技部」へと改組された。

すなわち、「陸上競技」は「陸上戦技」となったのである。以降、「手榴弾投擲《とうてき》」「土嚢運搬継走」といった競技が、新たに導入されるようになった。

この再編に合わせ、駅伝をはじめとする全国の大学間対抗陸上競技大会を統轄する最上位団体であった日本学生陸上競技連合も解体。文部省の外郭団体として新たに発足した「大日本学徒体育振興会」に合流した。

陸上界が激しく揺れ動く中、四月一八日には東京が初めて米軍による空襲を受けた。東京の他、名古屋や神戸も攻撃に晒された。

指揮官の名前が冠されたこの「ドーリットル空襲」により、死者八七名、重軽傷者四六六名という被害が出た。後の空襲に比べれば規模は小さかったとも言い得るが、首都をはじめとする主要都市に敵機の侵入を許したという点において、その衝撃は大きかった。日本軍が南方で快進撃を続けていた時期だっただけに、この空襲は日本の軍部や政界はもちろん、一般の庶民にも驚きと不安をもたらした。

早稲田大学の競走部員で、第一回青梅駅伝のアンカーを務めた石田芳正は、練習前にシューズの紐を締めている際、頭上を爆撃機が飛んで行くのを目撃した。低空飛行する爆撃機に対し、日本の高射砲が火を噴いたが、命中することはなかった。早稲田の界隈は騒然となったという。

そんな空襲もあったが、五月三日には第二〇回となる早慶対抗陸上競技大会が明治神宮外苑競技場で行われている。開会式では両校の選手たちが、日中戦争勃発以降に戦没した一〇人の先輩たちの遺影を先頭に掲げながら入場した。

五月三〇、三一日には同じく明治神宮外苑競技場にて、第二四回となる関東インターカレッジ（関東インカレ）が催された。主催は関東学連である。しかし、この大会を最後に、関東インカレも中止に追い込まれていくことになる。

関東学連の行方

昭和一七（一九四二）年六月五日から七日にかけて、日本海軍はミッドウェー海戦において歴史的な大敗を喫した。日本側は「赤城」「加賀」「蒼龍」といった主力空母を一挙に喪失。この敗北により、それまで日本側が総体的に優位に進めてきた戦局は、大きく変遷する。それは、泥沼の消耗戦への始まりを意味していた。

そんな時代状況だったにもかかわらず、関東学生陸上競技連盟（関東学連）は「不思議と解体を免れた」と幾つかの文献には記されている。なぜ、日本学生陸上競技連合は解体となり、関東学連は存続できたのであろう。この素朴な疑問について、当時の関東学連で幹事を務めていた法政大学の中根敏雄は、戦後にこう説明している。

〈あの当時は統制で、すべてが軍の意向によって解体されましたが、たまたまその下の機関である関東学生陸上連盟はそのまま存続できました。これは友好団体という程度の認識をしたんだと思いますがね〉（『箱根駅伝70年史』関東学生陸上競技連盟）

中根の証言によれば、関東学連は日本学生陸上競技連合の下部組織と見なされたため、解体を免れたということらしい。

ただし、この話はそれほど単純なものではない。前出の関東学連副会長兼総務委員長・日隈広至さんは、意外な話をこう打ち明ける。

「実は関東学連内の公式な記録では、〈関東学連は昭和十七年六月二十六日に解散〉となっています」

日隈さんによると、五月の関東インカレを終えた後、関東学連は解散しているというのである。日隈さんはこう続ける。

「そして、復活したのは〈昭和二十一年三月一日〉。〈復活〉があるということは、〈解散〉があったということにもなりますよね。お恥ずかしい話ですが、この辺りの経緯は関東学連内でも少し有耶無耶になっておりまして、理解の難しいところなのですが」

確かに関東学連が編纂した『走心　関東インカレ80年史』の中の「関東学連学生幹事歴代3役」という表を見ても、昭和一八年から二〇年に関する記載が抜けているのが確認できる。

日隈さんは言う。

「公式には〈解散〉で間違いないですね。しかし、その解散はあくまでも書類上、あるいは形式上のものであって、関東学連としてはその後もそのまま活動を続けたということだったのだと思います。関東学連は任意団体ですから、そこまで厳しく監視されなかったのではないでしょうか。中根さんの発言は、そのような文脈で捉えるべきかと思います」

日隈さんの見方を補強する証言がある。立教大学出身で戦後に関東学連副会長を務めた柏倉敬司は、戦時中のことを後にこう語っている。

〈陸上戦技に徹底抗戦やった訳ですよ。従って隠れ陸連みたいなものがあって、各大学の運動部を、何とか形を続けようということで、表面的に文部省の下で学徒体育振興会になっていたけれども、競技部をずっと温存したという形じゃなかったでしょうか〉（『箱根駅伝70年史』関東学生陸上競技連盟）

「陸連」とは日本学生陸上競技連合のことを指すが、「隠れ陸連」という言葉に当時の学生たちの反骨と矜持が感じられる。現場で実際に陸上競技に携わる学生たちが、文部省の方針を唯々諾々と聞いていただけではなかった様子が見て取れる。こうした中で、関東学連も日々の活動を継続したのであろう。

七月には、文部省と厚生省の通達により、駅伝を含む各種スポーツの全国的な行事が、官製大会を除き全面的に禁止されることになった。

こうした中、遂に青梅駅伝も中止が決定。箱根の代替地として選ばれた青梅での大会も、わずか二度の開催で幕を閉じたのである。

この年の八月に開催された夏の甲子園大会（全国中等学校優勝野球大会）は、文部省とその外郭団体である大日本学徒体育振興会の主催によって行われた。それまでの主催者である朝日新聞社はその座を奪われ、官製の「別大会」として開催されたのである。ゆえにこの大会は後に「幻の甲子園」と呼称されるようになる。

関東学連の奔走

表向きには解散という形を強いられた関東学連だったが、それでも実態としては活動を継続した。

幹部たちは「箱根駅伝の復活」を諦めていなかった。彼らは大会の開催に向けた交渉を、文部省や軍部と粘り強く行っていた。

（中止期間が長引いてしまうと、そのまま二度と大会を開催できなくなってしまうのではないか）

そんな不安と危惧が、関東学連の幹部たちの心中にはあったという。

関東学連側は「大学駅伝の開催」「舞台を青梅から箱根に戻す」ことを悲願として、大会の再開を各方面に訴えた。

（憧れの箱根を走らせてあげたい）

そんな思いが、彼らを突き動かしていた。

幹事の中根敏雄を中心とする関東学連の幹部たちは、各関係機関を精力的に回った。中根自身は跳躍の選手だったが、同じ陸上に青春を賭けた者として「箱根を走りたい」という長距離選手たちの胸中は我が事のように理解できた。関東学連側は、

（青梅での代替大会が認められた経験はある。ならば、箱根での開催も内容を工夫すれば申請が通るのではないか）

という一縷《いちる》の望みを抱いていた。

そんな彼らに救いの手を差し伸べたのが、日本学生陸上競技連合や関東学連のＯＢで省庁に入っていた者たちであった。

文部省の体育局運動課長には、前述した日本学生陸上競技連合出身の北沢清がいた。改めて記すと、北沢は東京農業大学陸上競技部の出身で、大学卒業後に新聞記者を経て文部省に入省した人物である。

そんな北沢が、箱根駅伝の復活に向けて文部省内での調整役を担った。この北沢の貢献は、大会復活に関して重要な側面である。

この北沢以外にも、多くの関東学連ＯＢが、省庁と学生たちの間の良き「橋渡し役」となった。

彼らの活躍なしに「戦時下の箱根駅伝」を語ることはできない。

軍部との交渉

大会復活に向けた交渉の中で、最も難航したのは陸軍との折衝だった。前述したように、そもそも箱根駅伝が中止に追い込まれたのは、軍需物資の輸送を優先するために国道1号の使用許可が下りなかったことが最大の要因であった。

大日本学徒体育振興会で陸上委員長の役にあった鈴木武は、かつて日本学生陸上競技連合の会長を務めていた。鈴木は後の首相・鈴木貫太郎の甥に当たる。豊富な人脈を持つ鈴木は、軍部にも一定のパイプを有していた。

関東学連は、この鈴木に協力を求めた。学生たちの熱意に心を動かされた鈴木は、陸軍との調整役を承諾。関東学連側には、

「陸軍戸山学校を説得するように」

と促した。

陸軍戸山学校は東京の牛込区戸山町（現・新宿区戸山）に拠点を置いた軍学校である。明治六（一八七三）年に開設された陸軍兵学寮戸山出張所がその起源となる。

この陸軍戸山学校への談判が、箱根駅伝復活に向けての大きな鍵になると鈴木は見据えていた。

では、なぜ陸軍戸山学校なのか。当時の関東学連幹事・中根敏雄はこう振り返っている。

〈何事も戸山学校へ行かなくてはならない。戸山学校は鍛錬部の学生の大もとなんです。教官みたいなのばかりがいるところですから。そこへ行って話をして、了解をもらうことが第一です〉（『箱根駅伝70年史』関東学生陸上競技連盟）

こうして関東学連の幹部たちは陸軍戸山学校へと連日のように通い、箱根駅伝の復活を直訴した。

この交渉の中で、陸軍戸山学校側はまず、

「多くの人々が集まる大会の場合、敵から攻撃された時に一度に大きな被害が出る危険性がある」

という危惧を指摘した。

これに対し、関東学連は、

「常に場所を移動する駅伝は、道路に沿って人が分散するため、大きな被害は出にくい」

と返答。そのような懸念は無用であると主張した。加えて関東学連は、

「長距離を走る駅伝は、基礎体力を養う意味がある」

「戦技（軍事教練）としても妥当な競技である」

といった点を強調して交渉を進めた。

大会復活へ

「青春とは何もかも実験である」

と綴ったのはイギリスの作家、ロバート・ルイス・スティーヴンソンである。当時の関東学連の奔走は、この至言を想起させる。

陸軍との交渉に際し、関東学連側はさまざまな知恵を巡らせていた。難しい議論の中で、一定の譲歩は当然の選択肢である。そこで、関東学連は新たに「戦勝祈願としての駅伝大会」という要素を提案することにした。従来の「報知新聞社前と元箱根郵便局の往復」というコースを「靖國神社と箱根神社の往復」に変更し、「レース前に戦勝祈願の参拝を行う」という案を提言したのである。

軍人や軍属を主な祭神として祀っている靖國神社と、同じく皇室や武家の崇敬を長く集めてきた箱根神社を大会に組み入れれば、陸軍側の理解を得やすいのではないかという着想であった。

関東学連側のこうした柔軟な姿勢により、軍部も次第に態度を軟化させた。

陸軍戸山学校の校長は、昭和一七（一九四二）年三月から皇族の賀陽宮恒憲王《かやのみやつねのりおう》が務めていた。伊勢神宮祭主・賀陽宮邦憲王の第一王子である賀陽宮恒憲王は、質素で庶民的な生活を好み、野球や乗馬といったスポーツにも造詣が深かった。そんな賀陽宮恒憲王が、陸上競技に一定の理解を示した可能性も充分に考えられる。

一方、大日本学徒体育振興会の鈴木武も、独自のルートで陸軍との折衝を順調に進めていた。

以上のような多くの関係者たちによる奔走の結果、陸軍は国道1号の使用を遂に許可。箱根駅伝復活への道のりは、こうして大きく前進した。『慶応義塾体育会競走部史』には、こう記されている。


〈「戦勝を祈願する」という趣旨を〝隠れミノ〟に当局の許可を獲得、ようやく22回大会としたものだ〉

平成一五（二〇〇三）年一一月一四日、第八〇回を迎えた箱根駅伝を祝う記念シンポジウムが有楽町の「よみうりホール」で行われたが、この時の開会の挨拶で当時の関東学連会長・廣瀬豊が「戦時下の箱根駅伝」に触れてこう述べている。

〈先輩のみなさんに協力を得ながら、当時、飛ぶ鳥を落とすような勢いの軍部と対等に向かい合いまして、何度も何度も折衝を続けた結果、ついにその夢を実現したのでございます〉

（『陸上競技』二〇〇四年一月号）

陸軍の許可も得られたことにより、各方面との交渉はより円滑に進展するようになった。

ただし、もう一つ大きな課題が残っていた。資金面での問題である。

戦時下で進められた新聞社の統廃合により、それまで大会を支えてきた報知新聞社は読売新聞社に合併されていた。箱根駅伝が中止になった折、学連と報知新聞社との間に何かしらの確執があったことも、前述した通りである。そのため、大会の復活に向けて新たな協力体制を構築する必要があった。

結局、交渉の末に読売新聞社は協力を約束したが、関東学連の幹事だった中根敏雄は戦後にこう語っている。

〈しかし予算はないし、そういったことはみな学生がやらなくてはいけない。読売新聞は多少は応援するが……という程度でしたから、みんなで集まって各学校から2人代表を出して駅伝の準備に取りかかった訳です〉（『箱根駅伝70年史』関東学生陸上競技連盟）

昭和一七（一九四二）年一一月末、箱根駅伝の復活が正式に決定。開催時期は、翌昭和一八（一九四三）年の一月と定められた。

青梅大会を除けば、実に三年ぶりとなる箱根駅伝の開催であった。

名コーチ・森本一徳

「箱根駅伝復活」の報は、速やかに各大学に伝えられた。

当時、大学駅伝界において破竹の勢いを見せていた日本大学陸上競技部にも、その通達は届いた。

今、「陸上競技部」という言葉を使ったが、実はこれは正しくない。この時期、各大学の陸上競技部は「陸上競技班」とその名を改めるよう文部省から指導されていた（本稿では読みやすさを優先して陸上競技部で統一）。

日大陸上競技部の監督は山田穂漣、コーチは森本一徳《かずのり》である。実際に現場で選手たちの指導にあたるのは森本であった。森本は日大が初優勝を飾った第一六回大会時の主将である。

森本は長野県上伊那郡南向村の出身。実家はこの地域の伝統工芸である「藍染め」を営んでいた。森本がまだ幼少の頃に母親が逝去したため、決して生活は楽ではなかったが、彼は勉学に励み、成績は優秀だった。高等小学校卒業後、上京して夜間中学に進学。しかし、父親の死をきっかけに成績も落ち、他校に転校した。

そんな森本を救ったのが陸上だった。転校先で出場した陸上競技大会で優勝するなど徐々に頭角を現した森本は、日大の専門部歯学科に入学。陸上競技部の門を叩いた。長距離に専念するようになった森本が目指したのは、箱根駅伝における日大の初優勝だった。

しかし、この歯学科在籍中、日大の最高位は第一三回大会の二位で、優勝は叶わなかった。そこで森本は改めて法文学部に入り直し、再び箱根を目指して猛練習。部の主将として臨んだ第一六回大会において、見事にチームを初優勝に導いたのだった。

「戦時下の箱根駅伝」時、そんな森本がコーチとして部を指揮していた。

当時の同部は、阿佐ヶ谷にある日本大学第二中学校（現・日本大学第二高等学校）のグラウンドで練習をしていた。森本の指導は常に厳しかったが、部員たちは過酷な練習にもよく耐えた。

だが、そんな名門校においても、戦時下における物資の欠乏は深刻だった。特に悩まされたのが、マラソン用の足袋の不足であった。

ハリマヤ足袋

東京メトロの茗荷谷駅から歩いて五分ほど、大塚三丁目の交差点近くに建つ雑居ビルの外壁に、御影石製の小さなプレートが埋め込まれている。だが、空調の室外機や、飲料の自動販売機に紛れているため、ほとんどの歩行者はその存在に気が付かない。

そのプレートには「金栗足袋発祥之地　黒坂辛作」との文字が刻み込まれている。

戦前戦中の箱根駅伝において、「影の主役」とも言えるのが「金栗足袋」である。一般的には広く「ハリマヤ足袋」と呼ばれたこの長距離走用の足袋を、当時のランナーたちはこぞって愛用していた。

話は「箱根駅伝の父」こと金栗四三にまで遡る。

金栗がストックホルムオリンピックに出場する際、足袋の制作を頼んだのがハリマヤ足袋店の黒坂辛作だった。兵庫県姫路市出身の黒坂は、ハリマヤ足袋店の創業者であった。「ハリマヤ」という屋号は、彼の故郷の「播磨」に因む。

黒坂が金栗に提供した足袋は、底部が布製で、つま先と踵《かかと》の部分を二重三重に厚く補強したものだった。しかし、前述の如く、金栗はオリンピックで惨敗。練習方法の強化と共に、「足袋の改良」の必要性を痛感した金栗は、改めて黒坂に相談した。

こうして、足袋に改善が加えられた。足袋の底にはゴムを使用し、適度な反発力と耐久性を実現。さらに、ゴム底にナイフで刻みを入れて凹凸を作り、滑りやすさを軽減した。

試行錯誤の末に施されたこのような改良により、足への負担は大きく軽減された。足首の後ろの部分にある爪形の金具「こはぜ」で留めるス

大塚3丁目の交差点近くに設置されている
「金栗足袋発祥之地　黒坂辛作」のプレート

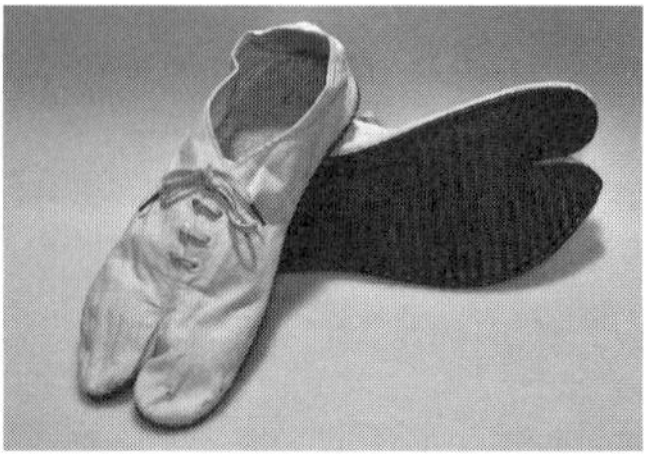
金栗四三が独自に考案した「金栗足袋」

タイルもやめ、足の甲の辺りで紐で結ぶ現在のような形態へと変更した。

こうして着実に質を高めた足袋は、「ハリマヤ足袋」「金栗足袋」として販売され、長距離選手に広く重宝されるようになったのである。

「金栗足袋発祥之地」と刻まれたプレートは、かつてハリマヤ足袋店が営業していた跡地に設置されている。その近隣には金栗が通った東京高等師範学校の後身である筑波大学の東京キャンパスがあり、二人がこの地で出会った様子が想起される。

しかし、戦争の長期化に伴い、各大学ともこのハリマヤ足袋の不足に直面するようになっていた。卒業した先輩たちが部室に置いていった足袋を繕い、それを使用するような状態だった。

だが、他人の足袋を履いて走ると、すぐにマメができる。結果、裸足で血だらけになって練習する選手もいたという。

そんなある日、日本大学の陸上競技部に何足かのハリマヤ足袋が配給となった。

部員たちはそれらを机上に飾り、ロウソクを灯した上、お神酒《みき》を供えて拝んだという。

部員の一人である山田久一は、このハリマヤ足袋を枕元に置いて寝た。この山田は、「戦時下の箱根駅伝」で二区を走ることになる選手である。

小田原での合宿

復活が決まった箱根駅伝は、昭和一八（一九四三）年の一月五、六日の日程で開催されることとなった。

日本大学陸上競技部は同年の元旦から小田原の旅館「小伊勢屋」に乗り込み、直前合宿を実施した。戦前戦中の箱根駅伝は今と異なり三が日が明けてからの開催が普通であったため、多くの部は年末年始を箱根近辺の馴染みの宿舎で過ごして調整するのが慣例となっていた。

日大の宿泊先である小伊勢屋は、部の草創期からの定宿だった。小伊勢屋は江戸時代初期に小田原宿で創業したという伝統ある老舗宿で、十返舎一九の『東海道中膝栗毛』にも登場する。弥次郎兵衛と喜多八が宿泊し、五右衛門風呂の入り方がわか

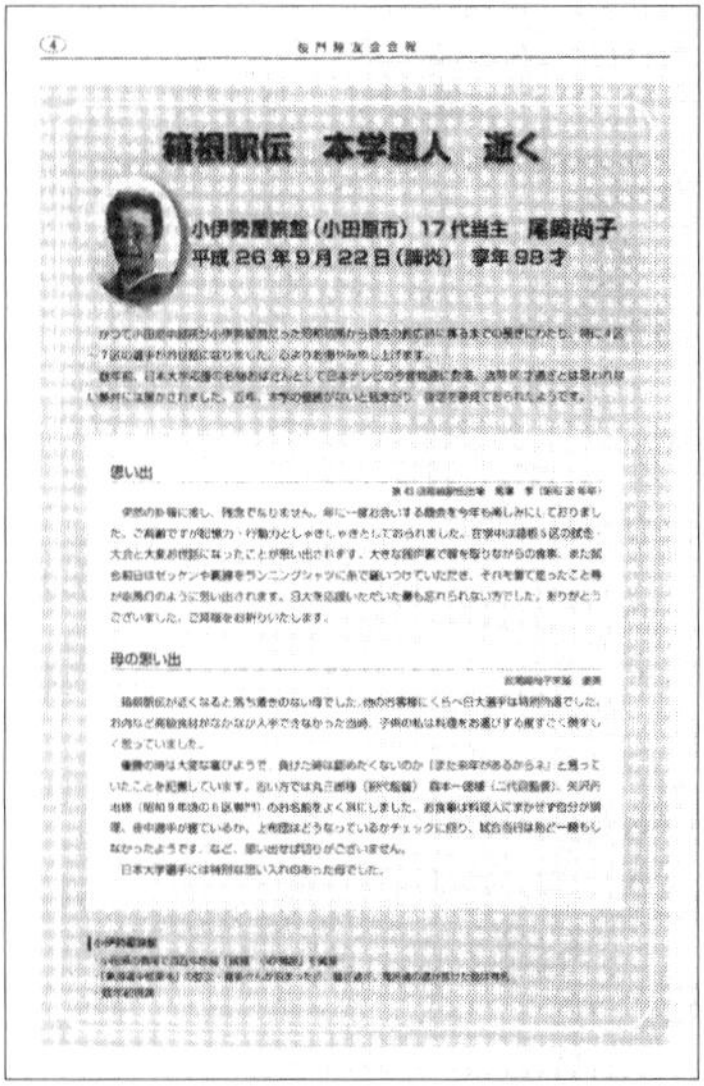
桜門陸友会会報
箱根駅伝　本学恩人　逝く
小伊勢屋旅館（小田原市）17代当主　尾崎尚子
平成26年9月22日（肺炎）　享年98才
思い出
母の思い出

尾崎尚子さんの追悼記事（日本大学桜門陸友会『桜門陸友会会報』2014年12月）

らずに騒動になるという場面である。

小伊勢屋の一七代当主で「名物女将」と呼ばれた尾崎尚子は、大正六（一九一七）年の生まれ。大正一二（一九二三）年の関東大震災の折に六歳だった彼女は、甚大な被害の中で奇跡的に救出されたという経験を持つ。

そんな尾崎が、細かな食事の献立にまで気を使うなどして、部員たちの心身を支えていた。娘の直美さんはこう述べている。

〈古い方では丸三郎様（初代監督）、森本一徳様（二代目監督）、矢沢丹治様（昭和9年頃の6区専門）のお名前をよく耳にしました。お食事は料理人にまかせず自分が調理。夜中選手が寝ているか、上布団はどうなっているかチェックに回り、試合当日は殆ど一睡もしなかったようです〉（「桜門陸友会会報」）

日大の他、東京文理科大学や法政大学なども小田原で合宿を行っていた。当時の小田原は、駅伝合宿のメッカだった。他方、慶應義塾大学は箱根、専修大学は平塚が主な合宿地であった。

成田静司の日記

日本大学の六区を走る予定になっていた成田静司は、昭和一八（一九四三）年一月二日の日記にこう綴っている。

〈見事な日本晴。（略）こんな天気だったらトレーニングもいらぬ位、朝風呂につかって汗を流す。実にいい気持だ。小涌谷まで往復コース研究。下りも案外大した事もない〉

成田は大正一一（一九二二）年、青森県弘前市で生まれた。弘前中学を卒業した後、日大に進学した。

成田はほぼ毎日、日記を付けていた。その日記の中には、「戦時下の箱根駅伝」を実際に走った若者の等身大の心情が克明に綴られている。

今回の取材にあたり、埼玉県所沢市にある日本大学広報部（現・企画広報部）において、その貴重な日記の複写データを確認させていただいた。大学史編纂課（現・広報課）の小松修さんは言う。

「戦時中の学内資料は、決して多くありません。大学として、なるべく沢山の資料を収集することが課題となっています。そんな中で、当時の学生の日記というのは、一つの貴重な記録です。成田さんの日記は、ご子息である隆司さんからお借りし、複写させていただきました」

この「成田日記」を参考にしながら、日大陸上競技部の大会直前の様子を追っていきたい。

意気揚々と小田原入りした部員たちであったが、箱根の山を走る選手以外は小田原近辺の平坦なコースで調整した。部のOBたちも顔を見せ、部員たちを盛んに鼓舞激励する。練習が終わると、気分転換に百人一首や将棋、トランプなどを楽しんだ。

小伊勢屋前、日大チームの記念写真
前列左より手島弘信（1区）、河村義夫（3区）、中列左より永野常平（10区）、山田穂漣（監督）、森本一徳（コーチ）、杉山繁雄（5区）、後列左より成田静司（6区）、山手学（7区）、岡本一利、駒場滋喜、古谷清一（4区）、山田久一（2区）、平松義昌（8区）、横田文隆（9区）

小伊勢屋の前で撮られた一枚の集合写真が残っている。当時は大会直前の合宿中に記念撮影をするのが、多くの部の恒例行事だった。

戦時下、いよいよ晴れの舞台に挑もうとする選手たちの引き締まった表情が、いかにも凛々しい。選手たちは皆、髪を短く刈り込んでいる。当時の部員たちは「丸刈り」が基本であった。

選手たちの胸には、伝統の「N」の文字が躍っている。現在も日大のユニフォームには「N」の文字が配されているが、書体も大きさもほぼ同等のデザインである。

一月三日の夕食後、選手発表。メンバーは以下のように伝えられた。

一区　手島弘信
二区　山田久一
三区　河村義夫
四区　古谷清一
五区　杉山繁雄
六区　成田静司

七区　山手　学
八区　平松義昌
九区　横田文隆
一〇区　永野常平

メンバー表はすでに関東学連に提出済みだったが、日大はそこから四人を変更する作戦を採った。当時のルールでは、メンバー表には往路と復路それぞれ二人まで補欠選手の登録ができ、レース前に入れ替えが可能だった。

日大は往路の二区と四区、復路の七区と九区で補欠登録の選手を起用することにした。つまり、交代枠のすべてを使ってレースに臨む戦術である。現在の箱根駅伝にも当日にエントリー選手を変更できるルールがあるが、その原型は戦前から存在した。

成田は六区を任された。事前登録の通りだった。

一月四日、翌日の往路に備えてコーチの森本一徳や一区の手島弘信、二区の山田久一らが、小田原から東京に戻ることになった。小田原駅では、当地に残る部員たちが、

「万歳！」

の連呼で帰京組を送り出した。

その声を聞いた手島が、汽車の窓から上半身を大きく乗り出し、手にしていたタスキを力強く振った。

日大伝統のピンクのタスキが、戦時下の城下町に鮮やかな彩りを添えた。

満洲の韋駄天

東京農業大学の陸上競技部に所属していた百束武雄さんも、「箱根駅伝の復活」を聞いて歓喜した一人である。

百束さんは大正一一（一九二二）年五月二一日、関東州の大連にて生まれた。

山形県米沢市出身の父親は、満鉄（南満洲鉄道株式会社）の職員であった。日露戦争後に大連に移住し、満鉄の創業時から勤務。主に鉄道のダイヤ（列車運行図表）を引く仕事などをしていたという。

遼東半島の南端に位置する大連は、日露戦争の結果、ロシアから日本へと租借権が譲渡された。

以来、日本はこの街のインフラ整備に積極的に取り組み、アジア有数の貿易都市にまで発展させた。大連駅は日本の上野駅をモデルに建設されたという。

そんな街で生まれ育った百東さんは、七人兄弟の四男だった。兄弟全員が満洲の生まれであった。

当時の大連の雰囲気について、百東さんはこう語る。

「とても近代的な街でしたよ。『日本橋』という橋がありましてね。現在では『勝利橋』と呼ばれていますが、その橋の周辺に多くの日本人が暮らしていました」

大連駅の南西側には、「連鎖街」と呼ばれる区域があった。「東洋一」を目指して日本人が開発した商店街である。セントラルヒーティングや水洗トイレを完備した共同ビルには約二〇〇軒もの商店が入り、「まるで店が連鎖しているように見える」ことから「連鎖街」と命名された。

昭和四（一九二九）年、百東さんは伏見台小学校に入学。しかし、昭和八（一九三三）年、新設の光明台

百東武雄さん

小学校に転校となった。

百束さんは少年時代から走るのが得意だった。

六年生の時、父親が働く満鉄の運動会に参加したが、小学生対象の一〇〇メートル競走で優勝。メダルを手にした。

同校卒業後、大連一中に進学。一年時、校内の五〇〇〇メートルの大会で二位に入った。

「小学生の時は短距離が得意だったのですが、中学に入ると同じくらい速い奴が結構いました。それで、五〇〇〇メートルに出てみたら二位に入れたので、それから長距離に転向したというわけです」

昭和一二（一九三七）年七月、盧溝橋事件を契機として日本と中国の軍事衝突が始まったが、関東州の大連には戦争を感じさせるような雰囲気はなかったという。

大連での青春

百束さんは陸上の魅力に引き込まれていった。二年生から五年生の時まで、校内の五〇〇〇メートルで四連覇を達成。四年時には関東州中等体育大会の八〇〇メートルに出場し、大会新記録で優勝を飾った。

五年生の時には、「忠霊塔参拝レース」の一万メートル一般部門で三位。記念品として置き時計をもらった。忠霊塔とは、日清・日露戦争の犠牲者の御霊を弔うため、大連中央公園に建立された記念塔のことである。

同じ年には「旅順戦跡リレー」という駅伝大会が開催された。戦前戦中における日本人の「駅伝熱」は、国内から満洲にまで伝播していたことになる。

百束さんは友人たちとチームを結成し、この大会に参加。一区を走った百束さんは区間賞を獲得し、チームを優勝に導く原動力となった。この時、百束さんは仲間と力を合わせて戦う駅伝の魅力を知った。

その他、フルマラソンにも挑戦した。「蔡大嶺フルマラソン」という大会があり、これに三度ほど参加したという。

「当時のマラソンは、今と違って給水などありません。まさに『呑まず喰わず』でしたから、とても苛酷でした。日本人だけでなく、満洲族の人たちも参加していましたが、彼らも速かったですよ」

昭和一四（一九三九）年には、明治神宮国民体育大会への参加資格を獲得。大連を発った百束さんは、日本の地を踏んだ。

「小学校三年生の時、両親と一緒に本籍地の米沢を訪れた経験はありましたが、それ以来の日本でした」

百束さんは一万メートルの種目に参加したが、途中で腹の調子を崩し、三四位という不本意な成績に終わった。

他方、冬にはアイススケートにも夢中になった。

冬季には厳しい寒気に包まれる大連では、冬場のスポーツとしてアイススケートが人気だった。アンペラ屋根の「カバーリンク」と呼ばれるスケート場が、冬の間だけオープンした。アイススケートの試合ができるのは街でもそこだけだったが、校庭に水を撒けば簡単にリンクを造ることができた。満洲では、新京商業のアイススケート部が特に強かったという。

休日には、映画館にもよく足を運んだ。ルイス・マイルストン監督のアメリカ映画『西部戦線異状なし』には特に強い感銘を受けた。第一次世界大戦中のドイツ軍兵士たちの群像を描いた言わずと知れた名画である。百束さんは言う。

「塹壕《ざんごう》にいる兵士が『どうして人間は殺し合うんだろう』というようなことを語るシーンがあったんです。その場面が妙に記憶に残りました」

百束さんの記憶にあるのは、おそらく次のシーンであろう。

激しい戦闘の渦中、リュー・エアーズ演じるポール・バウマーという名のドイツ軍の若者が、砲弾孔で敵兵のフランス人を咄嗟《とっさ》に刺し殺す。後悔に苛まれたバウマーは言う。

「殺すつもりはなかったんだ。（略）お前は俺の敵だったんだ。怖かったんだ。だから殺してしまった。許してくれ。許すと言ってくれ」

そしてバウマーはこう叫ぶのだ。

「神よ、なぜ私たちをこんな目に？　私たちはただ生きたいだけなのです。なぜ殺し合いをさせられるのでしょう？　銃と軍服を脱いだら友達になれたのに」

自らの将来に対する不安と憂心が、百束さんの脳裡にこのシーンを強く刻ませたのかもしれない。

東京農業大学への進学

百束さんはその後、新京中学の補習科を経て、昭和一六（一九四一）年に東京農業大学の予科に進学。大学予科とは、現在の教養課程に相当し、大学本科（学部）に進学する前段階としての予備教育を行う機関である。

百束さんは住み慣れた大連の地を離れ、日本で新たな生活を始める道を選んだ。

「その頃には父が満鉄を辞めて、農場を始めていたんです。主に大根などの野菜を育てていました。その他に養豚や養鶏もやっていました。そんな関係から兄たちが農大に進学していたので、私も続いたわけです」

百束さんが当時を懐かしむ。

「将来、仕事として農業をやるかどうかというのは、まだ決めていませんでした。本当のことを言うと、私は満鉄で働きたいとも思っていましたね。兄たちも農大を出て満鉄に入っていましたから」

この農大への進学が、百束さんの人生の分水嶺となる。

「実はそんな兄の一人が農大の陸上競技部に入って、箱根駅伝を走っていたんですよ。それで、私も脚力には自信があったし、箱根に挑戦したいということで入部を決めました。兄は私の入学と入れ替わりで卒業しましたが」

農大は第二回の箱根駅伝に出場して以来の古豪である。

記録を確認すると、百束さんの兄・秀雄は、昭和一〇（一九三五）年の第一六回大会から昭和一四（一九三九）年の第二〇回大会まで、五度にわたって箱根駅伝に出場。第二〇回大会では二区を任され、区間五位で走っている。

現在の規約では、箱根駅伝への出場は四回までと定められているが、戦前の教育制度は、予科三年、本科三年（医科系を除く）の計六年制であった。

そんな兄・秀雄に続く形で、百束さんは陸上競技部の門を叩いたのである。

農大での練習の日々

大連を離れた百束武雄さんは、東京の世田谷区三宿《みしゅく》で暮らし始めた。下宿先は父親の知人宅であった。

いよいよ東京農業大学での新たな生活が始まった。満洲の地で鍛えた俊足が通用するかどうか、百束さんは期待と不安を膨らませていた。

「しかし、ですね」

と百束さんが苦笑する。

「胸躍らせて入学したのですが、それと共に箱根駅伝が中止になり、青梅での大会に変更となりました。あれは残念でしたね」

それでも、日々の練習には妥協せず取り組んだという。

「農大は短距離の選手は少なく、長距離を専門にやる部員が多く集まっていました。部員数は全部で一五人くらいだったと思います」

百束さんが古い記憶を辿る。

「入部した直後は八〇〇メートルなんかもやりましたけど、気が付いたら長距離に集中していました。『ハリマヤ足袋』を履いて毎日、走っていましたね」

当時の農大の実力は、どうだったのであろうか。

「日大や中大、早稲田なんかに比べると、農大は人数も少なかったから、なかなか大変でした。農大も歴史は古いけれども、上位争いに絡むのは難しかったですね。一人や二人くらい速い部員がいても、駅伝は総合力ですから。部員が少なかったのは農大の他、拓大や青学。弱いのはこの三校でした」

百束さんはそう言って笑う。

「部長の先生がいたのは覚えていますが、監督というのはあまり記憶にありません。監督らしき人はいて、駅伝当日には顔を出していたけれども、普段の練習にはほとんどタッチしなかったと思います。あとは、資金面で部を応援してくれる方なんかもいました。とにかく、練習の時には先輩たちが喧《やかま》しくてね」

当時の農大は渋谷の常盤松町にあったが、陸上専用のグラウンドはなかった。そのため、近隣の青山師範学校のグラウンドや芝公園などで練習に励んだという。青山学院大学陸上競技部ＯＢ会発行の『青山学院大学体育会陸上競技部90周年史』には、百束さんの証言を裏付ける次のような記述がある。

〈青山5丁目の青山師範グランドを農業大学の選手と共に練習場とした〉

昼間は授業や実習が多くあったため、練習はそれらが終わった夕方から始まった。

「農大は技術系の大学ですから、他校の文系の学生よりも忙しいんです。そんな中、野球部員なんかはよく授業を抜け出して練習していました。『代返』を頼んでおくわけですね。先生も知っていたと思いますけど、その辺は割と鷹揚でした。野球は人数が揃わないと練習にならないから、野球部員たちは苦労していましたよ。一方、陸上の練習は一人でもできますからね。私は夜の芝公園でよく走り込みました」

約二カ月あった夏休みも、その内の一カ月ほどは農場実習に費やされた。農場へ行って、野菜や肥料に関する知識などを学んだ。百束さんは、

「三宿の下宿先から用賀の農場まで、走って往復して鍛えました」

と忘れ得ぬ青春時代を振り返る。

第二回の青梅大会で、百束さんは六区を走った。農大は一二校中一一位という結果だった。

その後に届いたのが、箱根駅伝の復活という吉報だった。

「青梅は人数が八人と少ないからいいけれども、箱根は一〇人揃えなければならない。それが大変でした。仕方なく中距離出身の選手を登録して、山下りの六区に配置しました。六区にしたのは、少しでも彼の負担を軽減しようという意図でした」

百束さんが任されたのは、五区の山登りだった。

「現在は『花の二区』と言われますが、当時は『花の五区』と呼ばれていました。何と言っても箱根駅伝の花は『山登り』。各校の最も強いエースが五区に揃っていました。とにかく、『自分の任された区間を懸命に走ろう』という心境だったと思います」

百束さんの箱根駅伝が、いよいよ始まろうとしている。

第2章

戦時下の箱根駅伝 ～往路

2区を走る日大の山田久一

一一校の出場校

昭和一八（一九四三）年一月五日、箱根駅伝が三年ぶりに戻ってきた。

大会の正式名称については諸説ある。しかし、当時の公式プログラムを確認すると、そこには「紀元二千六百三年　靖國神社・箱根神社間往復　関東学徒鍛錬継走大会」という表記がある。

これが正式名称だったと考えて問題ないであろう。

「紀元二千六百三年」とは皇紀である。昭和一五（一九四〇）年が皇紀二六〇〇年という節目の年で、国内は盛大な祝賀ムードに包まれたが、昭和一八年は皇紀二六〇三年にあたった。神武天皇の即位から二六〇三年目という意味である。

公式プログラムには、主催者として「関東学生陸上競技連盟」の文字がしっかりと明記されている。この大会の運営主体が、文部省や軍部ではなかったことを如実に証明する記述である。公式には解散となっていた関東学連が「主催者」であることには違和感も生じるが、この点について関東学連副会長兼総務委員長の日隈広至さんはこう話す。

「これは私の個人的な推察でしかありませんが、この箱根駅伝の時だけは一時的に組織としての〈復活〉が認められていたのかもしれませんね」

大会長の役には、早稲田大学競走部部長の山本忠興が就いていた。電気工学の権威だった山本はテレビの研究で有名な学者だが、その生涯を通じて学生スポーツの発展にも大きく寄与した。また、審判長を務めていたのは、大会の復活に向けて準備段階から尽力した大日本学徒体育振興会の鈴木武であった。

レースは大会の正式名称通り、靖國神社と箱根神社の往復で競われる。

現在、靖國神社には「社頭一時借用願」と題された古い文書が残されている。これは、大会前に関東学連から靖國神社に提出されたものである。靖國神社遊就館部の野田安平さんは言う。

「この文書の提出日は昭和一七年の一二月三〇日、社務所の許可の判は翌三一日に押されています。大会直前のやりとりになっていますが、それまでに話は付いていたのでしょう。しかし、靖國神社の日誌には、大会当日に関する記述は全くありません。靖國神社としては、あくまでも『社頭を貸す』ということだったのだと思います」

大会には「戦勝祈願」という標語も冠された。これも、軍部と関東学連の交渉によって決められた通りである。

以上のように、従来の大会から変更となった部分は少なくなかった。しかし、このような変遷が省庁や軍部が強引に命じた結果ではなく、関東学連側が交渉の中で案出した智恵の結果であった点については、充分に留意しておく必要があろう。
参加校は以下の一一校である。

青山学院（現・青山学院大学）
慶應義塾大学
専修大学
拓殖大学
中央大学
東京農業大学
東京文理科大学（現・筑波大学）
日本大学
法政大学
立教大学
早稲田大学

現在にまで連なる伝統校の名前が幾つも並ぶが、その一方で最近では出場から遠ざかっている大学名も含まれている。

青山学院陸上競技部の発足

近年、目覚ましい躍進の続く青山学院大学だが、同校にとって記念すべき初出場が、実はこの大会であった。青学の陸上競技部は、大正五（一九一六）年に発足した「徒歩部」がその母体である。徒歩部と言っても、その実態は言葉通りではなく、陸上競技部のことを指している。大正期には、陸上競技部のことを徒歩部とする表現が存在した。

部の発足時の青山学院は専門学校だった。同部は中等部と高等部から成り、部員は合わせて四〇名ほどであった。この高等部が現在の青学陸上競技部の前身となる。練習は毎週火曜日と金曜日に行われた。

大正七（一九一八）年、徒歩部から陸上競技部へと改称。翌年に部内で掲げた標語は「黄金時代の現出」だった。やがて、中等部は陸上競技の強豪として全国的に有名となった。中等部の活躍に刺激を受けた高等部も、次第に力を蓄えていった。

年を追うごとに、各競技会への出場も増加。ただし、短・中距離走や投擲競技に比べると、長距離部門の選手層は薄かった。

学校のグラウンドは野球部が専有していたため、キャンパス内の大講堂（現・図書館）の周囲を走るなどして地道な練習を重ねた。青山師範学校や、駒場の東京帝国大学農学部のグラウンドを借りることもあった。

大正期の同部を支えたのが坂入虎四郎である。坂入は八〇〇メートルや一五〇〇メートルなどで活躍。部のコーチも兼任した。戦後は日本オリンピック協会常務理事などを務めた坂入だが、彼は「部内に一貫して流れる精神」としてこう記している。

〈単に競技に勝つことではなく、真面目に精進し、人間を鍛え、競技人として優秀なばかりでなく、一個の人間として完成されること〉（『青山学院大学体育会陸上競技部90周年史』）

昭和四（一九二九）年からは同じミッション系である東北学院（現・東北学院大学）との定期戦が始まった。この定期戦は現在まで続けられている。

その他にも、國學院大学や東京農業大学と競技会を開くなどして、積極的に経験を積んだ。

昭和五（一九三〇）年頃には、多摩川の河畔に四〇〇メートルトラックが竣工。部員たちを喜ばせた。

こうして、同部は着実に力を付けていった。箱根駅伝への出場はなかなか叶わなかったが、第一回の青梅駅伝に参加し、一三校中一一位という成績を残している。

そんな青学が、初めての箱根に挑もうとしている。

四区を任された鈴木勝三は、後にこう語っている。

〈俺達の頃は10人揃えるのが大変で、おまけに食糧難ときて随分苦労したよ〉（同誌）

明治大学の不参加

他方、現在は強豪校として名高い駒澤大学や東洋大学といった学校は出場していない。やや意外だが、駒大の初出場は戦後の昭和四二（一九六七）年に行われた第四三回大会まで待たねばならない。

計一一校の参加だが、出場に関しての予選会はなかった。メンバーを一〇人揃えることができたのが、以上の一一校だったのである。予選会が行われるようになったのは、戦後のことである。よって、この大会に「シード権争い」は存在しない。

箱根駅伝に第一回から出場している古豪・明治大学も不参加だった。明大は第一九回大会で「六区に起用した選手が日本放送協会にも籍を持っていた」という「選手の二重登録」が明るみとなり、「一年間の出場停止」という処分を受けていたが、その影響から以降の部員の補強に綻《ほころ》びが生じていた。第二〇回大会はペナルティによる不出場だったが、その後の第二一回大会、そして二度の青梅大会も、選手不足により参加を見合わせていた。

明大競走部は五度の優勝を誇る箱根の強豪校だったが、以上のような「負の連

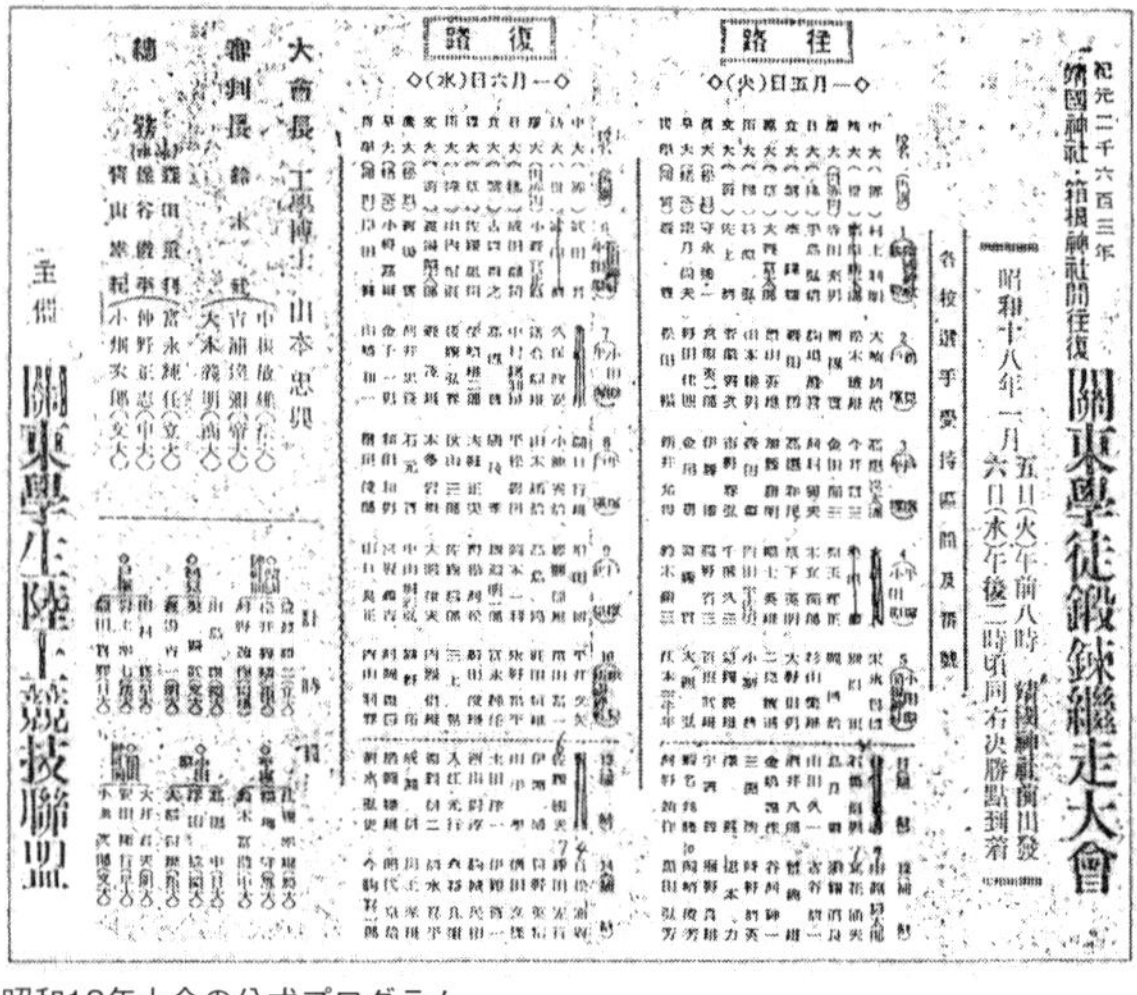
紀元二千六百三年
靖國神社・箱根神社間往復
關東學徒鍛錬繼走大會
昭和十八年一月五日(火)午前八時 靖國神社前出發
六日(水)午後一時頃同右決勝點到着
各校選手受持區間及番號
往路 ◇一月五日(火)◇
復路 ◇一月六日(水)◇
大會長 工學博士 山本忠興
審判長 鈴木武
主催 關東學生陸上競技聯盟

昭和18年大会の公式プログラム

鎖」の渦中にあったため、「戦時下の箱根駅伝」で「紫紺」の雄姿を見ることはできなかった。

一方、黄金期を迎えていたのは日大である。「優勝争いの本命は日大」というのが大方の予想だった。対抗馬には、文理大、専大、中大などが挙げられた。

また、現在ではアフリカからの留学生も活躍する箱根駅伝だが、当時はそのような光景はなかった。ただし、戦前戦中の大会には、当時の日本の統治下にあった朝鮮半島や台湾からの学生たちが出場していた。例えば、昭和一五（一九四〇）年の第二一回大会のメンバー表には、中央大学に李熙台、金新徳、朱尚英、専修大学に金三植、法政大学に金赫鎮といった名前が並んでいる。

しかし、この昭和一八年大会では、そのような名前は確認できない。

これは昭和一五（一九四〇）年二月一一日に施行された朝鮮総督府令による「創氏改名」の影響があったと思われる。この大会にも、いわゆる「通名」で出場していた選手たちが含まれていたと考えるのが自然である。

現場で運営を取り仕切ったのは、それまでの大会と同様、主催者である関東学連であった。

審判員や計時員も、学生やOBらの主導によって行われた。それに加え、出場が叶わなかった大学の選手たちが率先して裏方の仕事に回り、大会の運営を助けたという。

靖國神社への参拝

往路当日の空はよく晴れ渡っていたが、震えるほど寒い朝だった。

靖國神社の境内には、出場各校の選手はもちろん、学校関係者やOBなども多く集まっていた。

スタート時間は午前八時だったが、選手たちは午前七時頃には靖國神社に集合。一区の選手たちは早速、それぞれ準備運動を始めた。

二年間のブランクと繰り上げ卒業の影響により、箱根を走った経験を持つ選手は例年よりも少なく、初挑戦のランナーが大半を占める形となった。OBたちが母校の選手に、

「頼むぞ」

と声を掛け、手を握りしめる光景が、あちこちで見られたという。

午前七時半頃、大会の役員と選手たちは、揃って靖國神社の拝殿を参拝。この時のことを、立教大学の七区・高橋豊は後にこう回想している。

〈ぼくはこの箱根駅伝のとき、予科の1年か2年のころだったんですが、靖国神社を参拝して結団式をやって、箱根でも箱根神社で必勝祈願の参拝をしたのを覚えています。それをし

なかったらダメだったんだ〉（『箱根駅伝70年史』関東学生陸上競技連盟）

翌日の復路七区を走る予定の高橋だったが、そんな彼もスタート地点に集まって靖國神社を参拝したようである。参拝後、七区のスタート地点である小田原へと向かったのであろう。

高橋の記述によると、復路の選手もスタート地点に集まっていたことになるが、二区以降の往路の選手たちがどうしていたのかは残念ながら不明である。また、日大の成田静司の日記によれば、日大の復路の選手は小田原に残っていたと推察される。この辺りの行動は、各校の裁量に任されていたのであろう。

参拝後、一区の選手たちは上着を脱いで、ユニフォーム姿となった。各校の「魂」とも言えるタスキが、静かにレースの開始を待つ。早大の蝦茶、日大のピンク、中大の赤、法大の橙、文理大の黄、農大の松葉緑など、それぞれのスクールカラーが九段の大鳥居をバックに映える。

早大のカラーは「臙脂《えんじ》」とも称されるが、この大会の公式プログラムには「蝦茶」と記されている。

往路のスタート

一一名の選手たちが、スタート地点へと並んだ。スタートラインとして設定されたのは、大鳥居とその正面に建つ偕行社の間の公道である。緊張した面持ちの一一名が、身体を前屈みにしてスタートの合図を待つ。

午前八時、大会会長の山本忠興の右手が上がったのを合図に、選手たちは一斉に駆け出した。

三年ぶりの箱根駅伝が、いよいよ始まったのである。

スタート地点の靖國神社からどのようなコースを走ったのかについては、幾つかの説がある。そんな中で最も信憑性が高いと思われるのは、主催者である関東学連がまとめた『箱根駅伝70年史』に掲載されている座談会の中の次のような証言であろう。

〈山本　そうすると靖国神社の鳥居から、神保町へ出たのですか。
柏倉　いや、逆、登ったんです。そして、三宅坂を通って日比谷の方へ出る。
中根　陸軍省の前を通らなくちゃならない（笑い）。
司会　陸軍省はどこにあったのですか。

佐原　三宅坂。今の尾崎記念館のある所が陸軍省でした〉

この座談会は昭和六一（一九八六）年九月一二日に行われたものだが、質問をした「山本」というのは埼玉大学教授である山本邦夫、それに答えた「柏倉」は関東学連副会長の柏倉敬司、「中根」は「戦時下の箱根駅伝」時に関東学連幹事だった中根敏雄、「佐原」は関東学連参与の佐原東三郎のことを指している。司会を務めていたのは、後の関東学連会長で、当時は関東学連評議員だった廣瀬豊である。

柏倉が「登った」と表現している坂は、靖國神社の南側に隣接する靖国通り（通りの名前は現在の呼称。以下同）を指していると思われる。この靖国通りから三宅坂へ抜けるには、内堀通りを使ったと考えられる。

ただし、陸軍省はすでに昭和一六（一九四一）年一二月に三宅坂から市ヶ谷台の陸軍士官学校跡地に移転しており、先の中根の「陸軍省の前を通らなくちゃならない」という言葉は正確とは言えない。これは「三宅坂と言えば陸軍省」という連想に根ざした単純な誤解であろう。しかし、コースに関する証言としては、充分に信憑性がある。

この座談会の証言に沿えば、一区の選手たちは靖国通りを登って左折。内堀通りに入り、三宅坂を下って日比谷方面に抜けたということになる。

加えて、日本大学の校内新聞である『日本大学新聞』の昭和一八（一九四三）年一月一〇日付（三九六号）の紙面には、一区のコースに関して次のような記述がある。

〈三宅坂から虎ノ門、三田、札の辻を抜けて〉

さらに、その後の取材において関東学連が靖國神社に提出した「関東学徒鍛錬継走大会要項」という書類を確認することができた。この要項の中の「走路」という項目によって、前述のコース予測の正確性を裏付けることができた。

以上のような複数の史料から、一区の走者たちが内堀通りを南下して三宅坂を下ったことは、間違いないと見ていい。現在、この道の歩道は市民ランナーが愛用するジョギングコースとなっているが、かつてこのルートが箱根駅伝に使用されたという史実を知っている者は、ほとんどいないに違いない。

立教大学の先行

スタートしてまず最初に飛び出したのは、中央大学の村上利明だった。部の主将を務める村上は、箱根駅伝が創設されたのと同じ大正九（一九二〇）年の生まれ。愛媛県喜多郡の出身で、松山中学（現・愛媛県立松山東高等学校）を出た後、上京して中大に進学した。

彼の本来の専門は「砲丸投げ」であった。身長は一七二センチほどで体重は約八五キロあり、逞しくがっちりとした体格だった。

そんな村上が、選手不足に悩む駅伝チームから、

「協力してほしい」

と参加を請われたのである。投擲の選手だった村上だが、長距離走をやっていた時期もあり、タイムも速かった。

中大陸上競技部の創部は大正九（一九二〇）年。箱根駅伝には第二回大会から出場している。

大正一五（一九二六）年の第七回大会で初優勝。しかし、それ以降、優勝から遠ざかっていた。そんな古豪の中大でさえも、戦時下という時局柄、陸上競技から離れる部員が少なく

なく、選手不足に悩まされていたのだった。

時は「先輩の戦死」といった報せも入ってくるような時代であった。そんな中で村上は、

（生きた証しを残したい）

と思い、駅伝を走る決意をした。以降、村上は皇居の外周を走ったりして、長距離走の練習に励むようになった。

関東学連の日隈広至さんはこう語る。

「村上さんには大変お世話になりましたけれども、いつも楽しげに笑っているような方でした。気さくな性格の素敵な人でしたよ」

戦後、村上は母校の中大で教鞭をとったが、その教え子の一人である湯尻達也さんはこう話す。

「昭和五三年頃ですかね、教養課程の体育の授業で陸上を教えていただきました。親子ほどの年齢差がありましたが、とても優しい人でしたよ。戦時下の箱根駅伝については、『投擲をやっていたが、選手が足りないので出場した』とおっしゃっていました」

村上はレース前からスタートダッシュを狙っていた。村上は最初の五〇〇メートルほどは先頭だった。しかし、その後、徐々に集団に呑み込まれていった。

選手たちは左手にお堀の水面を眺めながら千鳥ヶ淵、半蔵門と抜けて桜田門の交差点を右折。桜田通りに入る。

その後、虎ノ門を過ぎても、レースは団子状態の集団走が続いていた。

慶應義塾大学のある三田を過ぎて第一京浜の札の辻に入ってからは、現行の大会とほぼ同じコースである。

品川駅前を通過して八ッ山橋を越えると、集団は徐々に長く伸び始めた。ここで思い切り良く飛び出したのは、立教大学の伊藤彦一だった。

立大の陸上競技部は中大と同じく大正九（一九二〇）年の創部である。戦後は昭和四四（一九六九）年以降、長く出場が途絶えたが、令和五（二〇二三）年、五五年ぶりに出場した。元々は古い歴史を持つ名門校の一つだ。

箱根駅伝には昭和九（一九三四）年の第一五回大会に初出場。その後も出場を重ね、この「戦時下の箱根駅伝」で七度目の箱根であった。青梅大会にも二度とも出場するなど経験は着実に積んでいたが、いまだ優勝の経験はなかった。

伊藤の胸には「ＲＩＫＫＩＯ」の文字が躍っていた。現在の正式な表記では「ＲＩＫＫＹＯ」となるはずだが、戦前のローマ字表記では、「きょう」は「ＫＩＯ」と綴られていた。

例えば、「東京」は「ＴＯＫＩＯ」である。

そのため、「立教」は「ＲＩＫＫＩＯ」と記されていた。

立大の体育会ではこうした歴史的な経緯を尊び、今もこの「ＲＩＫＫＩＯ」という綴りを大切に使い続けている。

ただし、「戦時下の箱根駅伝」のレース風景を写した複数の写真を確認すると、他の立大の選手たちは「Ｒ」という一文字の付されたユニフォームを着用している。同じチームながらユニフォームが統一されていないのは、当時の物資不足の影響であろう。

タスキの色は「江戸紫」である。

そんな初優勝を目指す立大の伊藤に続いたのは、日本大学の手島弘信、東京文理科大学の佐上清という二人の選手。文理大のユニフォームには、校章である「五三の桐」を簡略化したロゴマークがあつらえられていた。そこからやや遅れて、慶應義塾大学の寺田充男、専修大学の駒城民柏が前を追った。

六位を走っていたのは、法政大学の立花通夫である。法大陸上競技部で立花の後輩だった中島勉さんはこう述べる。

「立花さんにはいろいろと指導していただきました。どちらかと言うと、剽軽《ひょうきん》な性格の先輩だったと記憶しております」

そんな立花の背後には、早稲田大学の望月尚夫が続いた。望月の本来の専門は中距離で、昭和一七（一九四二）年五月に明治神宮外苑競技場で行われた第二四回関東インカレの八〇〇メートルでは、第二位という好成績を修めた実績を持つ選手である。

この望月の後ろには、東京農業大学の守永強一、そして中央大学の村上利明と続いた。法大の立花から中大の村上までが、一つの集団を形成していた。

中大の主将である村上の走りは、どうだったのであろうか。『箱根駅伝70年史』には、次のような記述がある。

〈中大は投てきを専門とする村上選手で、他の３選手が長身痩躯である上に軽快な足どりで進むのに比べて、村上選手は巨体をゆさぶりながら地響きを立てて走る〉

自転車での伴走

選手たちは互いに牽制し合いながら、一区のコースを進んでいる。

大会の公式車両は、文部省などの援助もあって従来通りの形で走らせることができた。一方、各大学には一台ずつ自動車の伴走が許されたが、ガソリン不足の影響からほぼ使用されなかった。ガソリンは昭和一三（一九三八）年から販売切符制に移行していたが、供給事情の悪化は深刻だった。

それまでの大会で最も重宝されていたサイドカーも、ほとんど用いられなかった。従来の箱根駅伝では、各校の監督やコーチたちがサイドカーに乗って伴走するのが通例だったのである。

その代わりに利用されたのが自転車だった。コーチらは懸命にペダルを漕ぎながら、選手たちに指示を与えた。

また、荷台に溢れんばかりの応援団を乗せた大型トラックが選手の後方を追走するのも戦前の箱根駅伝の名物であったが、そのような光景もこの大会では見ることができなかった。『日本大学新聞』（昭和十八年一月十日付）には、次のように記されている。

〈附添い応援も自粛して自動車一台に限られ選手は直接応援なしでの実力走法であった〉

中央大学では、オリンピックに出場経験のある田中秀雄が、コーチとして自転車で伴走していた。

田中は中大在学中の昭和一一（一九三六）年に開催されたベルリンオリンピックの三〇〇〇メートル障害と五〇〇〇メートルに出場。箱根駅伝には昭和九（一九三四）年の第一五回大会から昭和一二（一九三七）年の第一八回大会まで四年連続で出場している。第一五回大会では最終一〇区を走り、見事に区間賞を獲得した。

そんな田中が、自転車で伴走しながら、村上利明を必死に鼓舞していた。

この田中について、村上は戦後にこう語っている。

〈私なんか、そのころは食糧事情も悪いし、コーチの田中秀雄さんの奥さんが女医なので、末永君と一緒に行って栄養剤の注射を打ってもらいました。山走るからって言って。で、田中さんが、オレが伴走するからって。ぼくは分からないものですから言われるとおりに走った〉（『箱根駅伝70年史』関東学生陸上競技連盟）

「末永君」というのは、五区を任された末永包徳のことを指している。

村上はこの田中コーチからの、

「我慢しろ」

の声に励まされながら、懸命に足を前に進めた。村上は六郷橋の辺りで、先行する早稲田大学の望月尚夫を抜いた。

結局、横浜興信銀行鶴見支店の前に設けられた中継所に最初に姿を現したのは、立教大学の伊藤彦一だった。中継所の周辺には、戦時下にもかかわらず大勢の観衆が集まっていた。ただし、現在のように各校の幟《のぼり》が立っているような風景は、当時はまだ存在しない。幟を使った応援が行われるようになったのは、戦後のことである。

八ッ山橋を越えた辺りからトップに立っていた伊藤だが、彼のペースは最後まで落ちなかった。伊藤は安定した走りで先頭の座を守り、二区の森田寿にタスキを繋いだ。

初優勝を目指すダークホース・立大が、周囲の予想を上回る好走で首位に立ったのだった。

タイム計測への批判

立教大学の伊藤彦一の区間記録は一時間二五分四秒。これは例年の区間記録よりも一〇分ほど遅いタイムだが、その要因としてはスタート地点が靖國神社に変更となったため、一区の距離が延伸していたことが挙げられるであろう。

ただし、戦前戦中の大会では、タイムの計測が今ほど正確ではなかったという側面もあったようである。昭和一五（一九四〇）年二月に刊行された月刊誌『陸上日本』（第一一〇号）には、「戦時下の箱根駅伝」の一つ前の大会である第二一回大会に関して、次のような取材記録が掲載されている。

〈只ここで不愉快だったのは計時である。余りにもタイムが悪いので車から降りて計時員の際に寄って見たところ計時員が腕時計で計時をしている。一寸意外な気がした。たとえその時計が正確なものであっても、腕時計とは恐れ入った次第であり、しかもその計時員が駅伝の審判に初めて従事するような人であるらしく見られたのは遺憾であった〉

また、同誌中の別のページには、こうも書かれている。

〈最後に駅伝主催の報知社のやり方について一言　第一にウォッチの標準時間がハッキリしていない。時計員と審判長の時計が違っていたのは、競技的になってない〉

以上のような記述から類推すると、昭和一八年大会でもタイムの正確性についての疑問は残る。本稿では関東学連に残る公式記録に基づいて記述を進めていきたい。

立大と一分二五秒差の二位で中継所に現われたのは、日本大学の手島弘信だった。手島は新潟県の出身。このレースには額にハチマキを巻いて臨んでいた。前日、小田原駅を出る汽車の窓からピンクのタスキを力強く振った手島は、二位という好位置で次の走者に繋ぐことができた。以下、三位・東京文理科大学、四位・慶應義塾大学、五位・専修大学と続いた。箱根駅伝初出場の青山学院は、首位の立大と二二分九秒差という大差で最下位に沈んだ。いきなりの大ブレーキだった。

中大の村上は一位の立大とは七分三一秒差の七位で、二区の藤原暁にタスキを渡した。この村上は戦後、箱根駅伝復活への重要な「キーパーソン」の一人となる。この村上がいなければ、現在の箱根駅伝はなかったかもしれない。

そのことは、後の章で触れたい。

胸に躍るアルファベット

先頭でタスキを受け取った立教大学の森田寿を、二位の日本大学・山田久一が追うという展開で二区は始まった。現在は「花の二区」と呼ばれるが、当時はそのような表現はまだ存在しなかった。それどころか、当時の陸上雑誌には次のような記述さえ見られる。

〈元来この区（著者註・二区）と復路の同区間九区は各校共比較的弱い布陣が常識である〉

（『陸上日本』第一一〇号）

当時の区割りでは、往路の最長区間は三区だった。中継所の変更により、二区が最長になったのは戦後のことである。

ゆえに、戦前戦中の二区は、今と違い「繋ぎの区間」と見なされていた。

そんな二区の先頭を走る立大・森田のユニフォームには「R」、二位を走る日大・山田の胸には「N」の文字が付されていた。それぞれ伝統が脈打つユニフォームである。

すでに野球界などでは英語から日本語への表記の変更が促された時代であった。昭和一七（一九四二）年の夏に行われた甲子園大会（全国中等学校優勝野球大会）では、ユニフォームの英語表記が固く禁じられた。北海道の北海中学のユニフォームは「ＨＯＫＫＡＩ」から「北中」に、長野県の松本商業は「ＭＡＴＳＵＭＯＴＯ」から「松本商業」へと改められた。

しかし、そのような潮流は陸上界にまでは及んでいなかった。アメリカの国技である野球が「敵性スポーツ」として白眼視されたのとは異なり、日本発祥の駅伝はそこまで敵視の対象とはならなかった。

ただし、各校のユニフォームの背中の部分には、「日大」「慶應」「法政」というように漢字で大きく校名が記されていた。また、この「戦時下の箱根駅伝」の開催にあたり、文部省からは、

「メートル法ではなく尺貫法を使え」

という指示が出ていたようである。しかし、実際の現場では、学生たちはメートル法で押し切ったという。

そんな時代背景の中で、「R」と「N」の文字が、一二区のコースを快調に進んで行く。「N」の文字を胸に走る日大の山田は、箱根駅伝に出場できる喜びを強く感じながら先頭を追っていた。

山田は長野県の出身。上京して日大に進んだ。

山田が入部した時、箱根での大会はすでに中止となり、舞台は青梅に移っていた。箱根への思いは諦めざるを得なかった。山田は二度の青梅大会にも出場できなかった。

しかし、その後に箱根駅伝が復活するという報に触れた。山田は戦後にテレビのインタビューを受けた際、こう語っている。

「箱根駅伝に出れるとは夢にも思わなかった」

そんな山田が、思いの丈をぶつけるようにして憧れの舞台を走っていた。青梅駅伝にも出場していない山田にとって、この大会が初めての大学駅伝であった。

ピンクのタスキの由来

そんな山田久一の肩には、日大伝統のピンクのタスキが掛けられている。

このピンクのタスキにも、さまざまな物語が詰まっている。

日大に陸上競技部が発足したのは大正一〇（一九二一）年。創部メンバーたちの練習後の楽しみは、「近所のお汁粉屋」だった。生気溌剌《はつらつ》とした青春の光彩がそこにはあった。箱根駅伝には翌大正一一（一九二二）年の第三回大会に初めて出場することとなった。

大会前のある日、同部に対して関東学連の方から、

「何色のタスキを使用するつもりか」

との問い合わせがあった。早速、部は大学側に確認したが、

「スクールカラーは紅《こう》」

という返答だった。陸上競技部は早速、関東学連にその旨を伝えた。しかし、関東学連は、

「すでに中央大学が赤を使っている」

として、再考を促した。困った日大側は、次善案として紅に似た「桜色」を提案。だが、これも、

「桜色なんて色はない」

と断られてしまった。そこで日大側は、

「では、桜色に近いピンクにしてください」

と申請した。こうして、現在にまで繋がる日大伝統のタスキの色が決まったのだという。

この逸話を教えてくれたのは、日大陸上競技部の元監督・水田《みずた》信道さんで

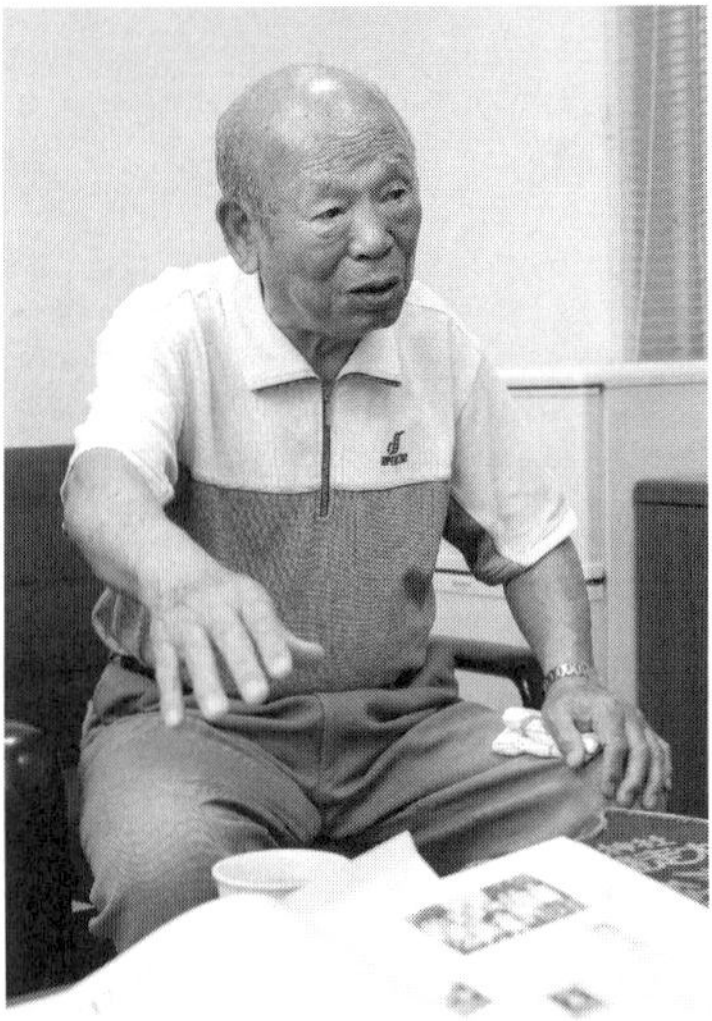
水田信道さん

ある。昭和五（一九三〇）年生まれの水田さんは、戦後に日大経済学部を卒業した後、陸上競技部の長距離コーチに就任。昭和五九（一九八四）年から平成元（一九八九）年まで同部の監督を務めた。水田さんは言う。

「タスキの色はこうして初出場の時からピンクで登録したと聞いています。しかし、この決定には大学の応援団などから随分と反対意見が出たらしいです。『何がピンクだ！　軟弱だ！』と。しかし、その後に大学の理事会を経て、日大のタスキの色として正式に決まったということです」

同部コーチの堀込隆さんは、次のように話す。

「今でも時々、『日大はピンクじゃなくて桜色だろ』と言われるのですが、正式な登録としては『日大のタスキはピンク』ということで間違いありません」

現在、部員たちにも「日大のタスキの色はピンク」と指導しているという。水田さんはこう言って微笑む。

「最近では『ピンクって良い色ですね』と言われることも増えました。これも一つの伝統、積み重ねの結果でしょう」

そんなピンクのタスキを肩に掛け、山田は力走を続けた。

湘南中学卒の箱根第一号ランナー

鶴見中継所を一〇位でタスキリレーした拓殖大学の二区走者は山本雅男である。

山本は湘南中学（現・神奈川県立湘南高等学校）陸上競技部の出身。当時、同部は神奈川県内の中学陸上界をリードする存在だったが、山本はキャプテンを務めていた。

山本は関東中等学校陸上競技選手権大会にも出場。八〇〇メートルリレーの第三走者を務め、チームを優勝に導いている。その他、四〇〇メートル、二〇〇メートルハードルにも出場した。

そんな輝かしい成績を残した山本は、湘南中学を卒業した後、拓大に進んで陸上を続けた。

戦後にこの山本と交流のあった拓大卒のスポーツジャーナリスト、宮澤正幸さんはこう語る。

「湘南中学出身ということもあり、石原慎太郎を思わせるような、そんな痛快でサバサバした気性の方でした」

また、湘南中学の後身である湘南高校の陸上競技部OB・神田睦夫さんは次のように語る。

「私は山本先輩からは一〇年以上も離れた後輩ですので、直接、戦時中のことは知りません。ですから、私が知っているのは戦後の山本先輩ですが、随分と可愛がっていただきましたよ。

豪快な方と言いますか、時に鋭い辛辣な意見も言うような、そういう先輩でした」

自身は湘南高校から早稲田大学に進み、第三二回の箱根駅伝で六区区間賞を獲得した経験を持つ神田さんが続ける。

「山本先輩は湘南中学の卒業生で初めてとなる箱根駅伝のランナーなんです。現在では延べ八人いるのですが、その第一号が山本先輩です。しかし、元々の専門は短距離とかハードルをやっていたと聞いています。あの当時は長距離が専門ではない選手も箱根を走っていたんですね」

拓大陸上競技部の創部は昭和三（一九二八）年である。他の箱根常連校が軒並み大正時代の創部であるのに比べると、新しい部ということになる。

箱根駅伝に初めて出場したのは、昭和八（一九三三）年の第一四回大会。結果は、最下位の一一位だった。その後、順調に出場回数を増やしたが、最高順位は九位となかなか成績は振るわなかった。今大会が九度目の出場であった。

一区で出遅れた拓大だったが、山本は全力を尽くして前を追った。しかし、前方を走る九位の東京農業大学とは、すでに一〇分以上も離されてしまっていた。

悪夢の再来

二区のコースは横浜駅前、高島町、保土ヶ谷と平坦な道が続くが、その後に待ち構えているのが権太坂である。

権太坂とは実は二つある。

この大会で使用された権太坂は現在と同じコースだが、この道を走るようになったのは昭和一二（一九三七）年の第一八回大会以降である。それ以前の大会では、国道の西側に伸びる旧東海道の権太坂をランナーたちは走っていた。

この旧権太坂は、今の権太坂よりもずっと勾配がきつい。江戸を発った旅人が、最初に難儀するのがこの権太坂と言われた。文化・文政期に編まれた『新編武蔵風土記稿』によると、とある旅人が一人の老人にこの坂の名前を聞いたところ、耳の遠かった老人が、

（自分の名を聞かれたのか？）

と勘違いし、

「権太」

と答えた。以降、この坂は「権太坂」と呼ばれるようになったという。

そんな地名の由来を持つ権太坂が、選手たちの前に立ち塞がった。最初に上り坂が続くが、

そこから一旦下って、そしてまた上りとなる。その激しい変化が、走者たちのスタミナを容赦なく奪う。

この権太坂をトップで通過したのは、立教大学の森田寿であった。その後ろに、日本大学の山田久一が続いた。鶴見中継所と同じ順位である。

それでも、二位を走る山田は、森田との差を少しずつ縮めていた。タスキを受け取った時には一分二五秒の差があったが、レース終盤にはその差を一〇秒ほどにまで詰めていた。このままのペースで走れば、逆転も充分に可能だった。山田もそう目算していたに違いない。

しかし、戸塚まで来た時、一つの波乱が起きた。山田を不測の事態が襲ったのである。目の前のその景色を認識した時、果たして山田はどう思ったであろう。

それは、コース上にあった踏切の遮断機が降りている光景であった。そこは戸塚の「開かずの踏切」として有名な場所だった。山田はこの踏切に引っ掛かってしまったのである。

実は日大にとって、その踏切には浅からぬ因縁があった。

昭和一四（一九三九）年の第二〇回大会、日大は復路九区で二位に付けていた。首位の専修大学を追っていたのは、明地邦整というランナーである。

必死に前との差を詰めていた明地だったが、そんな彼の走りを止めたのがこの戸塚の「開かずの踏切」であった。

明地は遮断機を持ち上げてくぐろうとしたが、監督から、

「そんなことやったら死ぬぞ！　やめろ！」

と制止されたという。

結局、明地は一分四〇秒もこの場所で足止めされた。戦後のルールでは、踏切でロスした時間は記録から差し引かれるが、当時はそのような規定はまだ存在しなかった。

明地の目の前を通過したのは、横須賀線の列車だった。遮断機が上がった後、明地は驚異的な追い上げを見せた。足止めという不運があったにもかかわらず、明地は区間賞の走りで最終一〇区へとタスキを繋いだ。

しかし、日大は惜しくも二位で優勝を逃した。その年まで日大は四連覇を達成していたが、五連覇の夢はこうして潰えた。

優勝したのは専大だった。専大にとって悲願の初優勝であった。

専大と日大の差は一分四七秒。踏切での足踏みがなければ、レースの結果はどう転んでいたかわからない。日大の元監督・水田信道さんはこの明地と長く交流があったが、こんな話を聞いたことがあるという。

「明地さんはですね、『戸塚の踏切は今でも嫌いだ』とおっしゃっていましたよ。『横須賀線には絶対に乗らない』ともね」

そんな悲劇から四年後、日大にとってはまさに悪夢の再来だった。ピンクのタスキを握りしめた山田が、思わず天を仰ぐ。この大会でも踏切でのロスタイムは、計上されないルールだった。

無情に鳴り続ける警報音。一秒が痛いほど長く感じられたに違いない。立ち止まっている間にも、トップの「R」はどんどん先へと逃げていく。

ようやく遮断機が上がると、山田は失った時間を挽回しようと一気に加速して前を追走した。

戸塚の駿河銀行前に設けられた中継所に最初に姿を現したのは、立大の森田だった。森田は江戸紫のタスキを、三区の高橋和民《わみん》へとリレーした。

続いて中継所に入ってきたのは、「N」の文字だった。日大の山田は踏切で足止めを食らったにもかかわらず、区間二位の一時間一四分五三秒という好記録でレースを終えた。首位との差は五九秒。もしも、踏切での停止がなければ、首位が逆転していた可能性は充分に考えられる。

ちなみに、この「開かずの踏切」は、戦後の昭和二八（一九五三）年、大磯の私邸から東京へ向かう吉田茂首相が、この踏切が引き起こす渋滞に業を煮やし、バイパス道路の建設を指示。二年後の昭和三〇（一九五五）年、通称「ワンマン道路」が完成した。こうして箱根駅伝での悲劇も回避できるようになった。

そんな「開かずの踏切」に泣かされた日大に続き、三位には専修大学が入った。専大の二区走者である徳山英雄は、区間二位の山田より五〇秒も速い一時間一四分三秒という記録で区間賞を獲得。しかし、この区間賞も気まぐれな踏切の悪戯がなければ、どちらの手に渡っていたかわからない。

それはともかく、専大は上位二校との差を着実に詰め、虎視眈々と首位の座を狙っていた。以下、四位に慶應義塾大学、一区で三位に付けていた東京文理科大学は五位へ順位を落とした。

拓殖大学は一〇位。「湘南中学初の箱根ランナー」である山本は、タスキを受け取った時と同じ順位で、三区の森田肇に繋いだ。個人記録も一〇位だった。

山本は戦後、神奈川陸上競技協会で普及宣伝部長や総務部長などの要職を歴任。神奈川県の陸上界の発展に大きく貢献した。

牧師の息子

戦時下のレースは、三区へと突入している。選手たちはさまざまな思いを胸に、国道1号を西に向かって走っている。

現在の箱根駅伝では「花の二区」という言い方がされるが、戦前戦中はこの三区と山登りの五区が「エース区間」と呼ばれた。当時の雑誌では「往路の難関第三区」といった言葉がしばしば使用されている（『陸上日本』第一一〇号）。

各校の「エース級」が揃う三区に入り、先頭争いはさらに混戦となった。

トップを走る立教大学の走者は高橋和民。箱根駅伝は三度目の出場だった。第一九回大会では七区で区間六位、第二〇回大会では同じ七区を区間三位で走った実績のある選手である。また、二度の青梅大会にも出場し、どちらも一区を任されていた。高橋はまさに、立大の「エース」であった。

「和民」という珍しい名前は、プロテスタントの一教派である会衆派教会（組合教会）の牧師だった父・皐三《こうぞう》によって命名された。「平和」と「民主主義」への思いが込められた名前だった。

一部の文献の中には和民を「わみ」と読ませている資料もあるが、高橋の従弟である浜崎浩さんはこう話す。

「〈わみん〉で間違いないですね。和民さんのお母様である一子《いちこ》さんが、私の母の姉になります。高橋家というのは、当時としてはかなりのインテリな家庭だったと聞いております」

会衆派教会は一六世紀初頭の宗教改革から派生した一派で、各教会における自主と独立を重視する。日本では同志社を創立した新島襄による伝道がその端緒である。

皋三も同志社大学神学部の卒業であった。

大正九（一九二〇）年二月、皋三は東京の京橋教会の牧師となった。しかし、大正一二（一九二三）年九月、関東大震災に罹災。京橋教会は全焼した。

その後の大正一四（一九二五）年一一月、教会は目黒の行人坂《ぎょうにんざか》に移転。名も「行人坂教会」に改められた。同教会の現在の牧師である朝日研一朗さんはこう語る。

教会前で撮られた高橋家の写真。中列中央が和民

高橋の父・皋三が牧師をしていた頃の行人坂教会

「牧師というのは〈堂守〉ですから、家族と共に教会で暮らし、礼拝堂を守っていくのが基本的な形です。戦前のこの教会は、今よりもずっと広い敷地を有していましたが、和民さんもその中で生活していたはずですよ」

高橋家には五人の子供がいた。和民は次男である。朝日さんが続ける。

「現在の建物は戦後に建て替えられたものですが、庭の木などは当時のままです。五人兄弟ということですから、さぞ賑やかだったのではないでしょうか」

庭には立派な杏や琵琶の木が枝を伸ばしている。高橋も兄弟姉妹と共に、この木に登ったり、周囲を駆け回ったりしていたのであろう。

そんな高橋は、父・皐三から自由、自主、独立といった精神と共に「武士道」の大切さを説かれながら育ったという。

皐三は無類の野球好きだったが、兄の一也《いちや》は陸上をやっていた。高橋はこの兄の影響もあり、中学時代から箱根駅伝に憧憬の念を抱くようになった。多くの若者たちにとって、箱根駅伝はすでに目指すべき憧れの舞台だったのである。結局、兄は短距離へと進んだが、高橋は長距離の練習に専念するようになった。

箱根駅伝のテレビ中継で実況の合間に放送される「今昔物語」のコーナーを長く担当した

放送作家の鎌田みわ子さんは、高橋の実妹である百合子と長く親交があった。百合子はすでに鬼籍に入っているが、生前の彼女から聞いた話を鎌田さんはこう振り返る。

「和民さんは元々、兄弟姉妹の中で一番の〈ねぼすけ〉だったそうです。それが箱根駅伝と出会って長距離走を始めてからは、早朝のまだ暗い内に起きて一時間ほど走ったりするようになったと。それで百合子さんはお母様と顔を見合わせて『変われば変わるものね』と笑い合ったそうです」

教会のすぐ近くには、急勾配で有名な行人坂がある。この急坂が高橋の健脚を育んだに違いない。

ところが、昭和一一（一九三六）年、皐三が新たに満洲国の首都・新京での伝道に従事することになった。同教会の現牧師である前述の朝日さんは言う。

「当時、会衆派教会は満洲や朝鮮半島への伝道に力を入れていました。日本での布教が行き詰まっていた部分もあり、〈新天地を建設しよう〉〈新しい共同体をつくろう〉といった気運が盛り上がっていたのです。その流れで、皐三さんも満洲に行くことになったのだと思います」

こうして、高橋家は満洲に転居。無論、高橋も家族と共に新京へと渡った。

しかし、高橋は箱根駅伝への思いを断ち切ることができなかった。高橋が進学先として選んだのは立大だった。こうして、高橋は単身で満洲を離れ、東京へ戻ったのである。

立大に進んだのは、同校がミッション系だった点が最大の理由であろう。立大陸上競技部の監督（取材時。現・総監督）を務める原田昭夫さんは、高橋についてこう語る。

「人づての話ですけれど、お父様の影響から高橋先輩もやはりクリスチャンだったと聞いています」

ミッション系の大学で且つ「箱根駅伝に出場したい」となれば、条件に当てはまるのは当時は立大のみであった。青山学院もミッション系だが、前述したように箱根駅伝には昭和一八年大会まで出場していなかった。

高橋は下宿しながら、日々の練習にひたむきに取り組んだ。背が高く、手足がすらりと伸びたスマートな体型で、歩幅の広い「ストライド走法」が彼の特長であった。

高橋は満洲の家族に対し、頻繁に手紙を書いて寄せた。高橋は「筆まめ」な性格だった。その文面には、箱根駅伝について書かれた部

練習中の高橋。
躍動感あふれるフォーム

分も少なくなかった。

そんな高橋が、往路三区の先頭を走っていた。

エース・河村義夫の快走

この高橋和民の後ろを走っていたのが、日本大学の河村義夫である。

福岡県出身の河村は、中距離走や一万メートルで抜群の実績を誇った選手で、昭和一六（一九四一）年の第二二回関東インカレでは一五〇〇メートルに出場し、見事に優勝。さらに、翌昭和一七（一九四二）年の第二四回関東インカレの一万メートルでも、二位という好成績を残している。まさに、王者・日大のエース格であった。

河村は実績に恥じない軽快な足取りで、高橋を追い上げた。戸塚の中継所の時点では五九秒あったタイム差が、みるみる縮まっていった。

選手たちの視界に、東海道の松並木が入ってくる。三代将軍・徳川家光は厳しい日照りが続いた折に、旅人たちが木陰で休めるようにと街道筋に松を植えさせたという。

旧東海道には、感興をそそられる日本史の断片が其処此処に転がっている。箱根駅伝のランナーたちは、そんな史跡の存在を指南してくれる案内役にもなる。

無論、当の選手たちには、松並木の緑を愉しむ余裕などなかったであろう。場面はエース同士による先頭争いである。一気に差を詰めてきた日大の河村が、いよいよ立大の高橋をとらえる。『箱根駅伝70年史』には、こんな記述がある。

〈河村選手の快走によって、たちまち縮まり戸塚の松並木で追いこし、さながら無人の境をいくが如くぐんぐん引き離していく〉

『日本大学新聞』（昭和十八年一月十日付）には、こう記されている。

〈本学河村選手快走して藤

昭和18年当時の3区の様子

沢で立大を抜いて先頭に立った〉

「戸塚の松並木」と「藤沢」とでは、多少の場所の違いはあるものの、この近辺で順位が逆転したのは間違いない。

こうして、優勝候補の本命である日大が、三区で首位に立ったのだった。

選手たちはその後も国道1号を進む。現在のレースでは藤沢から南下し、湘南の海岸線に沿って伸びる国道134号へと入るが、当時はそのまま国道1号を西へと走るコースであった。

怪我を乗り越えて

ここで首位争いから、中段へと視線を移そう。

六位を走っていたのは法政大学の石黒信男である。石黒は愛知県の稲沢町の出身。県内有数の進学校である一宮中学（現・愛知県立一宮高等学校）に進み、本格的に陸上競技を始めた。一宮中学は陸上部の他、野球部も強く、「文武両道」で有名な学校であった。

石黒は同校卒業後、上京して法大に進学。陸上競技部に入部した石黒は、意欲的に日々の練習に取り組んだ。その結果、タイムは次第に伸び、昭和一七（一九四二）年の第二四回関東インカレでは一万メートルに出場して六位入賞を果たしている。法大陸上競技部のＯＢで、石黒の後輩にあたる中島勉さんはこう回想する。

「明るい性格の方だったと思います。いつも丁寧に指導してくれました。お世話になりましたね」

石黒の息子である峰男さんは、平成元（一九八九）年に逝去した父親について次のように述懐する。

「とにかく面倒見が良い人でしたね。リーダーシップもあるタイプだったと思います」

後輩と息子、二人の証言に通ずる相似点が、石黒の肖像を点描のように浮かび上がらせる。

そんな石黒だったが、残念ながらこの大会の直前にアクシデントに見舞われていた。足を捻挫する怪我を負ってしまったのである。昭和五四（一九七九）年に法政大学陸上競技部が編纂した『法政陸上60年』という記念誌には、以下のように記されている。

〈この大会で３区の石黒信男選手は、足の捻挫で入院していたが、注射して完走〉

入院ということであれば、かなりの重傷だったに違いない。

注射とは痛み止めのことであろう。息子の峰男さんはこう語る。

「実は箱根駅伝の話は、ほとんど聞いたことがないんですよ。父も自分からは話しませんでしたし。注射を打って走ったんですか？　そんな話も初めて聞きました。ただ、『当日の区間変更によって走ることになった』というような話は聞いた覚えがあるのですが」

改めて当時の大会プログラムを確認してみると、確かに法大の三区には今井章三という選手名が記載されており、石黒の名前は補欠選手の欄にあった。つまり、石黒が三区を走ったのは、当日のメンバー変更の結果ということになる。

峰男さんの証言は正しかった。

怪我により補欠に回っていた石黒が、恢復の具合や本人の意思を確認した上で、当日変更により三区を任されたのだと考えられる。

ただし、痛み止めを打っていたということは、およそ万全の状態とは程遠かったに違いない。しかも、当時の痛み止めは、今のようによく効くものではなかった。以前、戦時下の甲子園大会に出場した元球児の方々に取材をした際、

「当時の痛み止めは、いくら打ってもなかなか効かなかった」

という話をよく耳にした。

それは長距離走でも同じだったであろう。

怪我を押して強行出場した石黒が、力の限りを尽くして走っている。

箱根の山は見えたか

三区の走者が茅ヶ崎駅前を駆け抜けて行く。この辺りは海抜三メートル前後の平坦な道がしばらく続く。

やがて見えて来るのが、相模川に架かる馬入橋《ばにゅうばし》である。

建久九（一一九八）年、この橋の落成式が行われた折、源頼朝の乗っていた馬が暴れて川に落ちたことから「馬入」という地名が付いたとされる。頼朝はこの時に負った怪我が原因で、その翌月に亡くなったとも伝えられる。ただし、当時の相模川は今の位置よりも東方を流れていたとされる。

江戸時代には橋はなく、「渡し船」が利用されていた。近代的な橋が架設されたのは、明治以降である。

この馬入橋からは、右手に丹沢山地、左手に相模湾、前方に高麗山《こまやま》や泡垂山《あわたらやま》を眺めることができる。泡垂山の山頂付近は、現在では「湘南平」と称され、多くの家族連れやハイカーで賑わうが、昭和一八（一九四三）年時には高射砲陣地が設けられていた。

この馬入橋を渡っている際、天候が良ければ遠方にうっすらとした山並みを確認することができる。それが、箱根山一帯の山稜である。ランナーたちは押し寄せる疲労の中で、タスキが一歩ずつ箱根に近付いているのを実感することになる。

昭和一八年一月五日、この馬入橋から箱根の山々が見えたかどうかは断言できない。だが、当日の天候は「晴れ」とされており、選手たちが稜線を確認できた可能性は高い。

この馬入橋を最初に渡ったのは、日本大学の河村義夫であった。

馬入橋を渡った選手たちは、そこから二キロ弱ほどの場所にある平塚市第一国民学校（現・平塚市立崇善小学校）前に

山中克巳さん

設けられた中継所を目指す。

多くの史料にはこの中継所の名前として「平塚国民学校前」とのみ記されている。しかし、戦時下の平塚市に国民学校は四校あった。その中で中継所に使用されたのは、位置関係から判断して平塚市第一国民学校で間違いない。

日本大学の河村義夫に首位の座を奪われた立教大学の高橋和民は、さらに慶應義塾大学の狩野英常にも抜かれ、三位まで順位を落としていた。

慶大の狩野は、戸塚中継所でタスキを受け取った時は四位だったが、専修大学の西川尚淳をかわして三位に上がった後、高橋をも抜いて慶大を二位に押し上げた。「二人抜き」の好走だった。

後輩が語る慶大競走部

この狩野英常の後輩にあたる人物とお会いすることができた。

大正一五（一九二六）年生まれの山中克巳さんは当時、慶應義塾の普通部（当時の中等学校。現在の高等学校に相当）に在籍し、陸上部に入部していた。

何故、普通部の山中さんが大学生の狩野のことを知っているのか。それは、普通部の陸上部が、大学の競走部と合同で練習をしていたためである。山中さんが青春時代を振り返る。

「神奈川県にある日吉のグラウンドで、大学生の人たちと一緒に練習していました。普段からそうでしたね。しかし、大学生と私たちとでは、かなりのスピード差がありました。向こうはジョギングなのに、こちらは全力で走って付いて行くという感じでした」

「戦時下の箱根駅伝」の当日は勤労動員があったため、山中さんは沿道で応援することができなかったという。

そんな山中さんに「戦時下の箱根駅伝」に関する記憶を改めて訊ねたが、その返答は驚くべきものだった。

「寺田、広橋、狩野、児玉、岡、須藤、落合、伊達、高島、荘田。皆さん、素晴らしい先輩方でした」

山中さんはこの大会に出場した一〇人の走者の名前を、澱みなく一区から順に朗々と諳《そら》んじて並べたのだった。

そんな山中さんは、三区を走った狩野についてはこう回想する。

「狩野さんは私と同じ普通部の出身でした。狩野さんがまだ普通部に在籍していた際、一緒に校内の運動会で走ったこともありましたから、よく知っていました」

山中さんが続ける。

「狩野さんはちょっと見たところでは、体育会の長距離の選手というタイプではないんです。紳士っぽいと言いますか、おとなしい顔をされていました。とても優しい先輩でしたよ」

「二人抜き」を達成した狩野が、さらに首位を走る日本大学・河村義夫の背中を追う。

慶大は学校の総力をあげて、競走部の支援に力を入れていた。箱根駅伝の第一回大会から出場した古豪である同部は、昭和七（一九三二）年の第一三回大会で念願の初優勝。しかし、優勝はそれきりで、その後の成績はライバルの早稲田大学に大きく水を開けられていた。早大は昭和一八年までに、すでに七度の優勝を誇っていた。

慶大にとって、二度目の栄冠は宿願であった。

タスキの色は、「青・赤・青」のストライプである。

各地の沿道に陣取った慶大の応援団からは、応援歌「若き血」や、カレッジソングである「丘の上」の大合唱が走者へと届けられた。

狩野は首位を走る日大との差を詰めた。

しかし、平塚市第一国民学校前の中継所で最初にタスキをリレーしたのは日大だった。荒い呼吸で中継所に入ってきた河村義夫は、首位でピンクのタスキを次走者の古谷清一に手渡した。直近の青梅大会でも二連覇している王者・日大が、その実力を確実に発揮し始めていた。

日大のリレーから一分四七秒後、二番目にタスキを繋いだのは慶大であった。狩野の個人記録は一時間一六分五九秒。区間一位の快走だった。

以下、三位に立教大学、四位に東京文理科大学、五位に専修大学と続いた。

平塚中継所で最も大きな声援が寄せられたのは、この地で合宿をはる専大だった。三区で三位から五位へと二つ順位を落としてしまった専大だが、以降の区間には実力のある選手を残していた。

大きな歓声と拍手に送られながら、専大の四区・福士英雄が元気よく中継所を飛び出して行った。

六位には法政大学が入った。痛み止めの注射を打ってレースに臨んでいた石黒信男は、失速することなく責任区間を走り切った。それどころか、区間四位という上々の成績だった。

戦後、石黒は社会保険労務士の資格を取得。税理士事務所で事務や会計の業務に携わった。週末には地元の愛知県で開催される陸上競技会などで審判員を務めるなど、陸上界の発展に大きく寄与。その貢献が認められ、日本陸上競技連盟より「秩父宮章」が贈られている。秩父宮章は「日本陸上競技連盟あるいは加盟団体に功績のあった者に贈与する」とされる栄誉である。息子の峰男さんはこう語る。

「陸上を本当に愛していた人でした。箱根駅伝も晩年まで毎年、夫婦揃ってテレビで観ていましたよ。父が亡くなった後も、母は他のスポーツには全く興味がないのに、箱根駅伝だけは観ていました。亡き夫の姿を、ランナーたちに重ねていたのかもしれませんね」

慶應ボーイの青春

四区は湘南の海岸線に沿って走るコースである。

二位の慶應義塾大学に一分四七秒の差を付けて首位で走り出した日本大学の古谷清一だったが、小柄な体格をした彼の足取りは序盤から重かった。慶大との差はみるみる縮まっていった。

日本大学校友会神奈川県支部常任理事の望月和彦さんは、この古谷についてこう語る。

「実は部の公式名簿である『櫻門陸友會々員名簿』には、古谷さんの名前がありません。つまり、古谷さんは正式の部員ではなく、一般学生だった可能性が高いと考えられます。やはり、一〇人のメンバーを揃えるのは、日大といえども大変だったのではないでしょうか」

そんな古谷を一気に追い上げたのが、慶大の児玉孝正である。

平成二八（二〇一六）年四月、その児玉さんご本人とお会いすることができた。九二歳になるという児玉さんが、当時の記憶の断片を丁寧に手繰り寄せる。

「二位でタスキを受けたのですが、その時は先頭を行く日大の走者の背中は見えませんでした。それでも、必死に前を追って走りました」

児玉さんは大正一三（一九二四）年一月二三日、東京の品川区大井にて生まれた。父親の家系は長州藩士にまで遡るが、官位に就くのを嫌った祖父が明治に入って渡米。長くアメリカで暮らした。

児玉さんの父親は写真が趣味で、新橋の辺りに店を出していた時期もあったという。総じて、ハイカラな家系だったと言えよう。

五人兄弟の次男である児玉さんは、慶

児玉孝正さん

應義塾の幼稚舎から普通部へと進学。普通部在学中はサッカーをやっていた。普通部を出た後、慶大の予科に入学。予科は三田ではなく日吉にあった。

　この予科在学中に、友人から競走部に誘われた。

「運動は昔から凄く好きでした。個人競技よりもチームでやるスポーツが好きだったので普通部ではサッカーをやっていたのですが、競走部の友人から『お前はファイトがあるから来い』と勧誘されまして。それで入部したんです」

　箱根駅伝についての意識はあったのだろうか。

「正直に言って、箱根駅伝を目指して入部したというわけではなかったですね。もちろん、箱根駅伝の存在は知っていましたが」

　日々の練習は、日吉のグラウンドで行われた。先に山中克巳さんが語ったように、普通部の陸上部員たちと共に汗を流した。グラウンドには、一周四〇〇メートルの立派なトラックがあった。

　時はすでに軍事教練の盛んな時代であったが、それは慶大でも同じだった。教練として二〇〇〇メートルを五回も六回も走らされたが、競走部の部員たちはそのペースメーカーの役をやらされた。

「それで随分と鍛えられたと思います」

往時に吸い込んだ空気を思い出すようにして、児玉さんは苦笑と共にそう語る。

その他、手榴弾投擲なども行われた。鉄や陶器でできた擬製の手榴弾を、遠方に投げる競技である。

そんな軍事教練をすべて終えた後、競走部としての練習が始まった。

練習ではグラウンドから出て、街の中を走ることもあったという。

「当時は木炭バスというのが街を走っていましたが、これをよく追い抜きました。木炭バスというのはスピードが遅いですからね」

足袋の不足にはどこの大学も悩まされていたが、児玉さんは競技用のシューズを持っていた。物資の欠乏が顕著となっていく中で、一足だけ大事に取っておいたのだという。

「革製のシューズで、底はゴム製でした。足の甲の辺りで紐で結ぶタイプのものです。確か競走部に入部した時に、父親が買ってくれたのだと思います。私はハリマヤ足袋は使っていませんでした」

竹中正一郎の指導

慶應義塾大学競走部の監督は、昭和七（一九三二）年のロサンゼルスオリンピックで五〇〇〇メートルに出場した経験を持つ竹中正一郎《しょういちろう》である。箱根駅伝には選手として昭和六（一九三一）年の第一二回大会から昭和一一（一九三六）年の第一七回大会まで六年連続で出場。三度も区間賞を獲得するなど、卓越した成績を残している。第一三回大会の時には、右膝にヒビが入るという重傷を負っていたにもかかわらず、痛み止めの注射を何本も打ってレースに臨んだ。レース中には耐え難き激痛に苛まれたが、竹中は何とかタスキを繋いだ。

結局、この大会で慶大は初優勝。一二度目の出場で手にした初の栄冠だった。竹中の激走が、慶大を初めての栄誉へと導いた。

そんな竹中が、監督として部を率いていた。

「竹中さんは普段は穏やかで優しい人でした。ただ、いざ競技中になるとうるさかったですけどね」

児玉さんはそう言って微笑む。部の大先輩で元オリンピック選手でもあった竹中だが、部員たちからは親しみを込めて「ターサン」と呼ばれていたという。

箱根駅伝を想定しての直前合宿は、明治神宮外苑にあった日本青年館で行われた。

「当時は物資が不足していますから、合宿の時でさえ腹一杯食べられませんでした」

消費物資の配給制は、昭和一五（一九四〇）年に都市部で始まった。昭和一六（一九四一）年四月一日からは、東京や大阪などで米穀配給通帳制が実施され、一一歳から六〇歳までの配給量は一日標準二合三勺（三三〇グラム）と定められた。通常の大人の消費量を二割ほど下回る量であった。

米の質も当初は七分づきだったが、昭和一七（一九四二）年の秋からは五分づきに変わった。押麦や高粱《コーリャン》などの雑穀が混ざる割合も、次第に増えていった。

体力を著しく消耗する長距離走の選手たちにとって、食生活の悪化は体調管理の面で多大な影響を及ぼした。

それでも、選手たちは出来る限りの準備をして箱根駅伝に備えた。慶大ではコースの試走も念入りに行った。児玉さんは言う。

「他の大学では一〇人のメンバーを揃えるのが大変だったらしいですが、慶應はそこまで深刻ではなかったようにも思います。慶應にも本来は長距離が専門ではない選手が入っていましたが、他校に比べれば恵まれた方だったのかもしれません」

サイドカーの役割

戦前の「慶應ボーイ」が、七三年前のレースを追想する。

二位を走る児玉孝正さんは懸命に腕を振り、日本大学の古谷清一を追いかけた。

「天気が良くて走りやすかったですね。自分の調子は普通でした。その内、徐々に日大の選手の背中が見えてきたのですが、後ろからでもとても苦しそうに走っている様子が窺えました。『どうやら普通の状態ではないな』というのがわかったのです。それで『これはチャンスだ』と必死になって追いました」

四区を走る時間帯は、気温が上昇することが多い。日差しと海風により、知らず知らずの間に体内の水分が失われ、脱水症状を起こす走者が今も少なくない。また、「山登りに挑む五区走者の負担を少しでも軽減してやりたい」という心理的要因からオーバーペースに陥り、途中で失速する事例も見られる。

日大の古谷も、そのような状態だったのかもしれない。ただでさえ、古谷が正式な部員でなく一般学生だったとすれば、その苦戦も已むなしと言ったところであろう。古谷にとって極めて難しいレースだったに違いない。

一方、古谷を追う児玉さんの脇には、慶大監督の竹中正一郎がサイドカーに乗って伴走していた。

「あの大会では、ほとんどの大学が自転車での伴走だったと思いますが、慶應は竹中さんがどこかの知り合いから借りたというサイドカーを使用していました」

このサイドカーに関し、同部の補欠選手として竹中のサポート役を務めていた小森宮正悳《まさのり》が後にこう記している。


〈竹中さんの友人で、駅伝の大ファンでもあった中路勝久氏はオートバイの名手でもあり、当日自分のサイドカー付きハーレイダビットソンに乗って現れた。どこで工面をしたのかガソリン満タンで、サイドカーに竹中さん、ハンドルを持った中路氏の後ろの席に私がまたがって〉（『慶応義塾体育会競走部史』）

小森宮は東京の浅草出身。実家は貴金属地金商を営んでいた。

補欠選手として登録されていた小森宮は、冬用のアノラックの下にユニフォームを着て、伴走するオートバイにしがみ付いていた。当時のルールでは、正規のランナーが走行不能に陥った場合は、補欠の選手がその区間の最初から「代走」として走り直すことができる規定になっていた。

小森宮は竹中の伴走を次のように表現する。

〈竹中さんは選手の足運びと時計を気にしながら、実に適切なアドバイスをする。運転の中路氏には、わが選手が他校選手を抜くとカンパツを入れずにサイドカーを後ろにつけさせ、抜かれた選手の視界を遮る心理作戦を展開させるなど、秘術を尽くしての伴走であった〉（同誌）

当のランナーであった児玉さんは、小森宮についてこう記憶する。

「小森宮さんの方が先輩なんですよ。とても明るくて私たち後輩にも『先輩づら』しない方でした。合宿などでもいろいろお世話になったのを覚えております」

児玉さんは、竹中の伴走に関してはこう振り返る。

「竹中さんはいつも適確なアドバイスを与えてくれました。『前まで何メートルくらいだ』『少し速いぞ』『今、行け』といった具体的な指示が多かったですね」

湘南決戦

四区の区間は、しばしば「平坦なコース」と称される。しかし、実際にはコースの中盤以降に緩やかな坂が連続し、ペースが意外と取りにくい。

ランナーたちは大磯町の鴫立庵の前を通り過ぎて行く。平安末期の歌人である西行が詠んだという、

心なき身にもあはれは知られけり鴫立沢の秋の夕暮

に因む俳諧道場である。

鴫立庵の敷地内には、崇雪という俳人が江戸時代初期に建てた「著盡湘南清絶地」と刻まれた標石がある。これは「清らかで清々しく、この上もないところ。湘南はなんと素晴らしいところ」といった意味であるが、これが「湘南」という言葉がこの地方一帯のことを指すようになった起源だと言われている。本来、「湘南」とは中国の湖南省を流れる湘江の南部を表す言葉だが、崇雪という人物も元々は中国から移住した者の子孫だったとされ、風光明媚な湘江の南部と、相模湾沿岸の地を重ね合わせたのだと思われる。

つまり、この地は「湘南発祥の地」ということになる。

そんな鴫立庵の前を過ぎると、つま先上がりの道が続く。この坂を登り切ると、視界が一気に開ける。

四区を走る児玉孝正さんを写したモノクロ写真が現存する。慶應義塾大学の関係者から児玉さんに、大会後に手渡されたものだという。

写真は二枚ある。一枚は児玉さんの背後から撮られたものである。若き日の児玉さんの背中越しに、前を走る日本大学の古谷清一の姿が見える。古谷の脇にはサイドカーが走っている。日大も慶大と同様、サイドカーを使用していたのだろうか。沿道に人影はなく、

首位の日大を追う児玉さん。
下の写真は現在の同地点の様子

家々の玄関先には国旗が飾られている。

この写真が撮影されたのは、どの辺りだったのであろう。私はこの写真を片手に、実際に四区の区間を踏査した。

写真の背景に写り込んでいる木々の枝振りや、うっすらと遠方に見える山々の稜線の形を現在の風景と照らし合わせていった結果、この一枚が撮影されたのは、大磯町の八坂神社の近辺だということがわかった。西小磯の交差点に差し掛かる辺りである。

首位を行く古谷と児玉さんの間の距離は、二〇メートル前後といったところであろうか。

「大磯の辺りで日大に追い付いたと思うんですけれど」

と児玉さんは語る。この記憶が正しければ、八坂神社を過ぎた大磯の西部の辺りで児玉さんは古谷をとらえたことになる。

児玉さんはまず、古谷に並走したという。

「相手の荒い息遣いが聞こえました」

七〇年以上を経て蘇る児玉さんの「音の記憶」。そして、児玉さんは並んで走る相手の苦しそうな表情も確認した。

「自分も苦しいが、相手も苦しい。苦しさの中で大切になってくるのが精神力です。精神が苦しさに負けてしまうと、それが諦めに繋がってしまう。心が負けてしまったら終わりですね」

児玉さんは古谷を追い抜き、慶大を首位へと押し上げた。四区での逆転劇であった。

現存する写真のもう一枚は、右肩からタスキを掛けて走る児玉さんの姿を斜め前方から写したものである。この写真が撮られたのは、道路とその周辺の景観から、国府津駅の手前にある緩やかな上り坂だと考えられる。

ということは、古谷を逆転し、首位を独走している際の写真であろう。児玉さんのすぐ横にはサイドカーが並走しており、側車の部分に複数の人間が乗り合わせているように見えるが、その顔に笑顔らしき表情が並んでいるのは、首位を奪取した歓喜と昂揚の表れだろうか。オートバイの後部に二人乗りしているはずの小森宮正悳の姿は、角度と解像度の関係で判然としない。

首位を走る児玉さん

さらに、児玉さんの背後には自転車が伴走している様子も窺え、総じて随分と賑やかな印象である。校旗と思しき大きな旗が振られているのも見える。人物や建物の陰影が濃く伸びていることから、薄日や曇天でなく、日差しが出ていた様子も認められる。

冬の陽光を浴びながら、児玉さんはそのまま首位をキープ。酒匂川に架かる酒匂橋を渡り、小田原の中心部へと向かった。

中継所へと向かう沿道の様子は、どのようなものだったのであろうか。

「大磯辺りまでは、今のような大観衆という雰囲気ではなかったですね。人が多くなったのは、小田原に入ってからという感じでした」

小田原では戦前から箱根駅伝の人気が殊に高く、順位を予想する「賭け」まで行われていたという。

中継所が近付くと児玉さんはラストスパートに入った。

「この駅伝が終わったら次は戦争だという思いは当然ありました。学生生活最後の思い出として、全力で走ろうという気持ちでしたね」

中継所は日本石油のガソリンスタンドの前に設けられていた。児玉さんは首位で五区の岡博治にタスキを渡した。小田原中継所をトップで通過したのは慶大だった。

続いてやって来たのは、専修大学である。

合宿地である平塚での力強い応援を味方に付けた福士英雄は、序盤から快調に飛ばし、五位から二位まで一挙に順位を上げる「三人抜き」の好走を見せた。一時間一六分三九秒というタイムは、堂々の区間一位であった。

福士は北海道の出身。小樽中学（現・北海道小樽潮陵高等学校）を卒業後、専大へと進んだ選手である。一区からやや出遅れた感のあった専大だが、この福士の快走により、一気に首位争いに加わった。

以下、三位に立教大学、四位に東京文理科大学、五位に法政大学という順位だった。首位を明け渡してしまった日大の古谷は、その後も順位を落とし、小田原の中継所に辿り着いた時には六位にまで後退していた。優勝を目指す日大としては、思わぬ苦戦を強いられる展開となったが、古谷が陸上競技部員でなかったとすれば、この結果も責められないであろう。古谷の個人記録は区間九位であった。

児玉さんの戦争

ここで一旦、レースに関する記述から離れ、慶應義塾大学の四区を走った児玉孝正さんの大会後の足跡について綴っておきたい。

昭和一九（一九四四）年、児玉さんは海軍予備学生に志願。海軍予備学生とは海軍の予備将校制度の一つで、大学や大学予科の卒業生などから採用される。児玉さんの試験の結果は、甲種合格だった。

「二つ上の兄がすでに海軍予備学生に進んでいました。その兄から『陸軍より海軍の方がいいぞ』といった話を聞いていたので、その影響ですね」

児玉さんが当時の心境を語る。

「国がなくなったら、何も残らないですから。できれば、犬死にみたいなことはしたくないけれども、できることはやろうと。そういう気持ちが心の中にあったと思います」

まずは広島の大竹海兵団で、新兵としての基礎教育を受けた。

「最初に手こずったのは釣床教練ですね。これに馴れるまでは意外と苦労しました」

麻ひもで括られている釣床（ハンモック）を格納棚から取り出し、鉤を掛けて寝床をつくる「釣床おろし」と、毛布をたたんで中に収め、麻ひもで括って格納棚に収める「釣床あげ」を決められた時間内に済まさなければならない。遅ければ何度でもやり直しである。

その他にも、棒倒しやカッター（短艇）といった訓練が、徹底して繰り返された。

「カッターはみんなで漕ぐタイミングを合わせないと進まない。なかなか難しいのですが、ずっとやっていると腹筋が痛くなるんです。尻も擦れて痛い。それから『櫂立て』というのがあるのですが、これも重たくて簡単には立ちません」

よく言われるような「バッター」と呼ばれる木の棒を使っての制裁はなかったが、平手のビンタはよくされたという。

基礎教育の課程が終わると、兵たちはそれぞれの配属先に赴任する。児玉さんの赴任先は、関東州の遼東半島に設置されていた旅順方面特別根拠地隊だった。同隊の軍務は、旅順港の警備の他、満洲国海上警察隊と協力し、対潜警備や軍需品の輸送を行うことだった。

遼東半島の最南端に位置する旅順で、児玉さんは新たな日々を送った。訓練はいつも峻烈だったが、その一方で食事は内地よりも充実していた。

「海軍というのは、食事に野菜のスープが付くんです。海軍では食事を早く済ませることが求められますが、スープがあれば流し込めますからね。味も美味しかったです。カレーライスも出ましたよ」

児玉さんが続ける。

「しかし、それでも若いからとにかく腹が減る。酒保《しゅほ》にエビオスという胃腸薬が売っているのですが、それを口寂しさから買って食べてしまう。しかし、エビオスは消化を助ける錠剤ですからね。余計に腹が減ってしまうんです」

酒保とは、軍隊内にある売店のことである。

初めての外出許可日、児玉さんは三人の戦友たちと連れ立って旅順の街へと繰り出した。道を歩いていると、一台のトラックが走っているのが目に入った。トラックの荷台には、日本の女学生たちの姿があった。女学生らが児玉さんたちに手を振った。児玉さんは戦友らと共に、軽い気持ちでその女学生たちに手を振り返した。

するとそのトラックが急停止。座席から海軍の士官が降りてきた。

「こっちは初めての外出だし、いい気になって手を振ったのですが、それがいけなかったんですね。女学生たちの前でぶん殴られましたよ。あれには参りました」

そんな旅順での生活の中で、家族から手紙が届いた時は嬉しかった。父親はすでに亡くなっていたため、差出人は母親であった。

「しかし、ですね」

と言って、児玉さんが苦笑する。

「大喜びで読み始めたのですが、母も昔の人でしょう？　墨で流暢に書いてあるのですが、半分も読めなかったですね。あれは情けなかったです」

生死の境目

そんな旅順での生活だったが、ある時、児玉さんに一つの命令が下った。それは「特別攻撃隊を命ず」というものであった。

赴任先は長崎県の川棚町《かわたなちょう》だという。大村湾に面した川棚町には、臨時の魚雷艇訓練所が設けられていた。

この川棚町で秘密裏に進められていたのが、新兵器「震洋《しんよう》」の訓練だった。

海軍が考案した「震洋」は、ベニヤ製の小型モーターボートの先端部に炸薬を搭載した究極の兵器であった。名目上は敵艦に肉迫して魚雷を放つ兵器とされたが、その実態は「体当たり兵器」だった。「空の特攻」はよく知られるところだが、実際には「海の特攻」も盛んに行われていた。児玉さんが言う。

「川棚にいたことのある教官から、震洋について聞きました。私は二人乗りの震洋に乗るという話でした。その時の気持ちですか？『もうしようがない』といったところですね。『生きて帰れない』という命の覚悟自体は、海軍に入った時にすでにできていますし」

この長さ五メートル余の特殊兵器は、終戦時までに六〇〇〇隻以上も建造されたという。

児玉さんが続ける。

「実戦経験のある下士官などから、実際の戦況に関する情報も聞いていましたから、もはや勝てる戦争ではないというのは充分にわかっていました。あとは『どこまでもつか』という意識だけでしたね」

昭和二〇（一九四五）年の夏、児玉さんは大連の港から輸送船に乗った。川棚町への赴任を命じられた児玉さんだったが、その輸送船の行き先については「日本海側の港のどこか」ということ以外は教えられなかった。

しかし、深夜に大連港を出て一時間ほど経った頃、乗艦していた輸送船が機雷に触雷。敵機によって空から撒かれた機雷に対し、日本側は充分に掃海作業を行っていたはずだったが、残っていた機雷に船体が触れてしまったのである。やがて船は無惨にも傾斜を始めた。

「あの辺りの海は夏でも冷たく、二〇分も海中にいたら身体は冷え切って死んでしまいます。ですから、安易に船から海に飛び込んではいけない。いくら傾斜がきつくなっても、『もう駄目だ』という沈没寸前まで船にいないといけないんです。しかし、どんどん船体が傾いていく中で、いつ沈没するかなんてわかりませんからね。そのギリギリの見極めが大変です」

危機的な場面だったが、児玉さんは一命を取り留めた。

「運が良いことに、その船は傾斜しつつもまだ舵が生きていたのでしょう、意図的に座礁させることに成功しました。水深の浅い場所までなんとか船を動かして、そこでわざと座礁させてしまえば、沈没という最悪の事態は回避できます。そうした方が人命は助かるわけです。その内に、海防艦が救助に来てくれました。私はそれに乗り移り、助かったんです」

結局、その海防艦が着いた先は、山口県の仙崎だった。

敗戦時の思い

その後、川棚町が空襲に見舞われた関係で当初の計画は変更となり、川棚行きは中止となった。瀬戸際のところで、児玉さんは「震洋」に乗らずに済んだのである。

児玉さんが新たに向かった先は、神奈川県の横須賀だった。横須賀海軍砲術学校に入ることになったのである。

やがて、児玉さんは湘南の茅ヶ崎へと移動。横須賀海軍砲術学校が管理する広大な演習場で始まったのは、地上戦のための猛訓練だった。米軍の上陸に備えた軍事訓練である。

実際、米軍は相模湾からの上陸作戦を構想として有していた。三〇万人もの兵力を投入して湘南海岸から上陸し、九十九里浜から進攻した部隊と共に首都・東京を挟撃するという大規模な作戦だった。

これに対し、大本営は防衛計画を懸命に策定していたが、児玉さんはまさにその最前線に配置されたのであった。

その場所は、かつて箱根駅伝で母校のタスキを胸に走り抜けたコースから、さほど遠くない場所だった。「学生生活最後の思い出」との胸懐で全力を尽くし、日本大学を逆転したあの日から、二年半ほどの歳月しか経っていなかった。

しかし、自身の境遇は大きく変貌を遂げていた。

八月一五日、児玉さんに玉音放送を聴いた記憶はない。敗戦の報は、上官から知らされた。

その時、児玉さんが抱えたのは、

（俺は今まで何をやってきたのだろう）

という自らへの深刻な問い掛けだった。全てが無駄になったような感覚だった。その先は何も考えられなかった。

児玉さんは半ば無意識のまま近くの松林へと走り、そこで持っていた軍刀を力任せに振り回した。怒りとやるせなさ、憤懣やるかたなく、児玉さんは荒れに荒れた。その時の心情について、私は改めて問うた。

「悔しいという思いだったのでしょうか」

しばしの沈黙の後、児玉さんから発せられた返答は次のようなものだった。

「〈悔しい〉ではなく〈虚しい〉ですね」

児玉さんが後に聞いたところによると、戦友の中には自刃した者もいたという話だった。

児玉さんの虚しき戦争は、こうして幕を閉じたのである。

駅伝の街・小田原

時計の針を昭和一八（一九四三）年一月五日、「戦時下の箱根駅伝」の往路へと戻そう。

各校のタスキは四区から五区へと繋がれている。

昭和六（一九三一）年、小田原市の南町で生まれた津田義四郎さんは、「戦時下の箱根駅伝」の時、一一歳。中継所近くの沿道で、実際にこの熱戦を観戦したという。

「今ほどではないですけれども、当時も大勢の人たちで賑わっていました。すごい人気でしたよ。自転車で沿道を走って選手を追いかけたりしている人もいました。私はどこの大学のファンというわけでもなかったのですが、人気があったのは日大や早稲田ですね」

当時、津田さんは小田原市立本町小学校に通っていた。父親は市役所に勤めていた。

「親父が大変な駅伝ファンでして。それで、私も好きになりました。兄も陸上をやっていて、とても速かったんです。当時の小田原では町内対抗の駅伝大会が開催されるなど、駅伝が非常に盛んだったんですよ。それも箱根駅伝の影響でしょうね」

津田さんが目を細める。

「男の子はみんな、箱根駅伝に憧れていましたよ」

スポーツジャーナリストである宮澤正幸さんも小田原の出身。箱根駅伝を観て育ったという。

「私の観戦歴は零歳の時からです。母親が私をおぶって箱根駅伝を応援していたと言っていましたから」

昭和五（一九三〇）年生まれの宮澤さんは、往時の小田原の雰囲気をこう語る。

「当時から、小田原の沿道の熱気というのは大変なものがありました。二宮から小田原にかけて西に進むほど、応援する人の数が増えるという感じでしたね。そんな街で育ったせいか、私も走るのが好きになったんです」

昭和一五（一九四〇）年に刊行された陸上雑誌には、当時の光景が以下のように記されている。

〈各校合宿所の巣である此処小田原は、流石に駅伝の人気弥が上にも高く、全町を挙げてのすさまじい応援である〉（『陸上日本』第一一〇号）

地元の少年たちの「憧れの存在」だった箱根駅伝の選手たちは、平坦な道の続く小田原市内を抜け、いよいよ最大の難関である「山登り」へと向かう。

古来、箱根は山岳信仰の聖地である。同時に、東西を結ぶ交通の要衝でもあり、奈良時代にはすでに峠道が開削されていたとされる。

江戸期には東海道の一〇番目の宿場として箱根宿が開設され、関所が設けられた。歌川広重の「東海道五十三次」にもその景観が描かれている。

関所が廃止されたのは、明治に入ってからである。以来、人々の往来は増え、風光明媚なその土地は観光地としてさらなる発展を遂げた。

そんな箱根の峻険に、若者たちが果敢に挑もうとしている。

日本大学駅伝主将の意地

箱根駅伝の五区は、特別な意味を持つ区間である。消耗の激しいコースのため、選手が「ブレーキ」に陥るリスクが高く、記録の振幅も大きい。まさに、勝負を分ける重要な区間と言える。

他のコース以上に、強い精神力が求められる区間でもある。選手たちにとって、目の前の急坂は「壁」のようにも見えるという。

そんな特殊区間には当然、各校の健脚自慢が配置されている。

首位を走るのは、児玉孝正さんからタスキを手渡された慶應義塾大学の岡博治である。この岡が先頭を切って「天下の嶮」へと飛び込んで行った。二位以下の選手たちも、箱根の山に続々と入って行く。

箱根湯本を過ぎた選手たちは、函嶺洞門《かんれいどうもん》へと向かう。昭和六（一九三一）年に竣工した函嶺洞門は、落石防止のために造られた。当時としては珍しい鉄筋コンクリート構造で、中国の王宮をイメージしたデザインになっている。「函嶺」とは箱根の異名である。

そんな函嶺洞門を抜けた選手たちは、早川に架かる千歳橋を渡って塔ノ沢へと入る。右へ左へと道を折れていくたびに、標高が上がっていく。

前述の通り、この大会ではガソリンの不足のため、多くの監督やコーチが自転車に乗って伴走していたが、この五区ではそれも困難であった。多くの学校が急峻な坂を前に自転車での伴走を諦める中、サイドカーを使用していた慶大では、監督の竹中正一郎が岡にしっかりと付き添い続けたという。

一方、二位でタスキを受けた専修大学の二見敏進は、箱根の急坂を前にペースを落としていた。いかにも足取りの重い二見は、きつい傾斜に喘ぎ、次々と後続の走者にかわされていった。典型的な「ブレーキ」だった。

小田原中継所を三位でスタートした立教大学の大野信男も、思うような走りができず、苦況に顔をゆがめていた。

他方、快走を演じたのが、日本大学の駅伝主将・杉山繁雄である。

杉山は大正七（一九一八）年、山形県山形市の生まれ。背丈は高くなく、がっしりとした体格だった。地元の夜間中学に進んだ杉山は、この時期から長距離走を始めた。

その後、日大の予科に入学し、勧誘される形で陸上競技部に入部。しかし、時を同じくして大学駅伝の舞台は箱根から青梅へと移された。

杉山は第一回青梅駅伝で五区を走り、区間賞を獲得。昭和一六（一九四一）年六月に行われた第二三回関東インカレでは一万メートルに出場して六位入賞を果たした。一一月に開催された第二回青梅駅伝では一区を担当。個人記録ならびに区間順位は不明である。

そんな杉山だったが、真珠湾攻撃により対米戦が始まると、

（これは我々学生も、いずれ戦場に行かなければならなくなるのではないか）

と予想し、

（もう駅伝は走れない）

との覚悟を持ったという。

こうして杉山は駅伝への思いを断ち切った。已むなき諦観が、哀しい断念を呼んだ。しかし、本人の予想に反してその後に新たな風が吹き、大会が復活したのである。

小田原中継所を六位でスタートした杉山は、順調に順位を上げた。六位でのタスキリレーというのは、優勝を狙う日大にとっては意外な展開だったはずである。駅伝では想定外の順位でタスキを受け取ったランナーが自分のペースを乱してしまう場合が往々にしてあるが、杉山は冷静さを失わなかった。山形在住時代、標高四七一メートルの千歳山でよく走り込みをしていた杉山は、箱根の急峻も苦にしなかった。連続するカーブを、力強い足取りで駆け上がって行く。「闘志漲る走り」が杉山の特長だった。

箱根の老舗宿である富士屋ホテルには、日大の応援団が盛大に陣取っていた。前夜から先乗りしていた日大の関係者たちが、ホテルのスタッフはもちろん、近隣の住民たちにも「日大ガンバレ」と書かれた日の丸の小旗を配布していたのである。

富士屋ホテルの前を走り抜けていく杉山に多くの小旗が振られ、激励の声が飛んだ。奮起を促す強力な応援が、杉山の屈強な背中を押した。

大根踊りのルーツ

東京農業大学の五区走者である百束武雄さんは、九位でタスキを受けた。「満洲の韋駄天」の箱根駅伝がいよいよ始まった。

「レース中に腹が減るといけないので、朝食に餅を食べたのを覚えています」

現在と同じ松葉緑のタスキを肩に掛け、百束さんは走り出した。取材時、九三歳の百束さんが、懐かしそうに当時の様子を振り返る。

「夢中で走りましたけれども、過酷なレースでしたね。今と違って給水もなかったんですよ」

レース中の給水が許されるようになったのは意外に遅く、平成九（一九九七）年の第七三回大会以降である。

「長距離走に必要なのは、やはり気力。自分で駄目だと思ったら、もう走れません。それから、駅伝において大切なのは責任感です。とにかく、必死になって走りました」

農大では五区の伴走車として、木炭自動車を用意していた。他校の中にも、五区だけは自転車ではなく木炭自動車を使用する大学が何校かあったという。戦時下の日本国内では、軍に優先的にガソリンを回すため、民間の消費量を抑えることが求められたが、そのような背景から木炭自動車は広く社会に普及していた。

「しかし、木炭車は力がないでしょう？　急な上り坂だとスピードが出ない。走る方がよほど速かったですよ。上り坂になると木炭車は遅れ、道がやや平坦になると追い付いてくる。その繰り返しでしたね」

それでは、沿道の応援はどのような雰囲気だったのであろうか。

農大と言えば「大根踊り」が有名である。ただし、実はこの呼び方は俗称で、実際には「青山ほとり」が正しい。

この応援歌の歴史は大正一二（一九二三）年にまで遡る。「青山ほとり」という名称は、当時の農大が渋谷にあったことに由来する。

作詞・作曲をしたのは、その当時、東京農業大学高等科の三年生だった市村正輝という学生である。

農大生元気あるかい（押忍　押忍　押忍）
苦しきときの父となり
悲しきときの母となり
楽しきときの友となる
いざ歌わんかな踊らんかな
農大名物青山ほとり
青山ほとり常磐松
聳ゆるタンクは我母校
何時も元気は山を抜く
農大健児の意気を見よ
今日も勝たずにおくものか
そりゃ突き飛ばせ投げ飛ばせ（以下、略）

この「青山ほとり」は、そのユーモラスな曲調から、たちまち学生たちに支持されるようになった。しかし、百束さんは次のような興味深い話を打ち明ける。

「当時の『青山ほとり』では、歌に合わせての踊りはあったけれども、今のように大根は持っていなかったと思います。大根を持つようになったのは、戦後ではないでしょうか。私が走った箱根駅伝の時も、そんな応援はなかったですよ。いつの間にか『大根踊り』として、すっかり有名になってしまいましたが」

大根踊りの起源には「戦前説」と「戦後説」があるが、百束さんによれば「戦時下の箱根駅伝」の沿道にはそのような応援はなかったということである。

これも一つの貴重な証言と言えよう。

ニワトリのマーク

百束さんがさらに戦時下の箱根の光景を蘇らせる。

「箱根の温泉街では、旅館のお客さんたちが応援してくれました」

そして、百束さんは意外な話を続けた。

「特に当時の農大は子供たちに人気があったんです。何故だかわかりますか？　理由はこれです」

百束さんが古いアルバムから、一枚の白黒写真を取り出した。若き日の百束さんが農大のユニフォームを着ている写真だが、一見して目に飛び込んでくるのが、胸元に付された「ニワトリのマーク」である。

「現在では違いますけれども、当時の農大のユニフォームはこの『ニワトリのマーク』で有名でした。それで、沿道の子供たちが『ニワトリのチームだ』と喜ぶわけです。『ひよこ、ひよこ』『コッコ、コッコ』なんて言って、随分と応援してくれましたね」

百束さんの顔に柔和な笑みが浮かぶ。そんな心温まる応援を受けながら、百束さんは箱根の急坂に挑んだ。

約八六〇メートルもの高低差のある箱根の山道は、今と違って舗装が充分でなく、砂利道の部分も少なくなかった。

「宮の下から登って行く辺りの砂利道がひど

胸元にはニワトリのマーク

かったですね」

現在も五区は難所に違いないが、道路の舗装状況を考えれば、戦前戦中の方がより困難なコースだったと言えよう。砂利道を通る時、選手たちは車の轍《わだち》の部分を選んで走ったという。

百束さんは懸命に山を登った。

「山の途中で、専修大学の走者が『ブレーキ』になって歩いていましてね。それで順位を一つ上げることができました。そのことは今でもよく覚えています」

往路の結果

十返舎一九の『東海道中膝栗毛』では、江戸を出発した弥次郎兵衛と喜多八は初日に戸塚宿、二日目に小田原宿に宿泊し、三日目に箱根の関所に到着する。これが、当時の旅人の平均的な日程であった。

そんな三日間にわたる行程を、五人のリレーで一気に駆け抜けるのが箱根駅伝である。当時は、六時間半前後が往路の優勝ラインだった。

昭和一八年大会の往路ゴール地点は箱根神社である。先頭を走っていたのは、慶應義塾大学の岡博治であった。

岡はスピードを緩めることなく、独走を続けていた。慶大の四区を走った児玉孝正さんは、タスキを渡した相手である岡についてこう振り返る。

「彼はずっと長距離を専門にやっていましたので、まさに『強い選手』という感じでしたね。耐久力があったので、山登りに起用されたのだと思います」

スタミナも充分にあった岡だが、加えてラストスパートにも定評があった。

慶應義塾の普通部に在籍し、慶大競走部と共に練習を積んでいた山中克巳さんは、先輩の岡について次のように述懐する。

「岡さんは『鋭い走り』と言いますか、特にラストスパートが速かったですね。他校の選手たちの間で『慶應の岡のラストスパートは鋭い』と評判になるほどでしたから」

そんな岡のラストスパートにより、後続との差はさらに開いた。

箱根神社前に設けられたゴール地点には、多くの観衆が集まっていた。割れんばかりの歓声と惜しみない拍手に包まれるその場所に、最初に姿を現したのは慶大の岡だった。二位以下の選手の姿は全く見えなかった。

午後二時五二分四三秒、岡が勢いよくゴールテープを切った。小田原中継所を一位でスタートした岡は、その順位を守ることに成功したのである。

慶大の往路記録は六時間五二分四三秒。例年より一区のコースが延伸していた影響で、記録としては低調な成績に終わった。

また、「往路優勝」という公式の表彰は当時はなかった。「総合優勝」「往路優勝」「復路優勝」を表彰する三賞制が採用されたのは、昭和四二（一九六七）年の第四三回大会以降である。

二位に入ったのは日本大学だった。駅伝主将の杉山繁雄は、四区・古谷清一の不調を埋める快走を見せ、六位から二位まで順位を上げた。「四人抜き」の快挙である。『日本大学新聞』（昭和十八年一月十日付）は、「杉山の物凄い力走」という見出しで、その走りをこう伝える。

〈小田原で六位の本学は駅伝主将杉山選手だ、

往路のゴールテープを切る慶大の岡博治

物凄いまでの快調で先ず『塔の澤』で専大を抜き大平台では更に立大を抜き『宮ノ下』では文理を抜き箱根ゴール前に至って法政をも抜いて慶大に続き午後二時五八分二八秒箱根神社の決勝点に飛込んだ〉

首位・慶大と日大との差は五分四五秒。四区のブレーキの影響で少し差はあったが、日大としては充分に逆転可能な範囲内に付けたと言えよう。

三位に入ったのは法政大学だった。小田原中継所では五位だったが、五区・佐藤国夫が二人を抜く好走。法大としては、翌日の復路に期待の膨らむ結果となった。

五区の区間賞を獲得したのは、中央大学の末永包徳である。一時間二八分五〇秒という末永の記録は、区間二位の日大・杉山より約二分も速いという驚異的なタイムであった。

末永は元々、一万メートルで全国的に名の知れた選手だった。関東インカレでは昭和一六（一九四一）年に行われた第二三回大会、その翌年の第二四回大会で二連覇を達成。昭和一七（一九四二）年の日本インカレ（全国大学高専陸上競技大会）の開会式では、選手宣誓の大役を担った。

そんな末永が実力を遺憾なく発揮し、中大は八位から五位まで浮上。当時は「山の神」という言い回しはなかったが、末永の走りはこの言葉に類する内容だったと言えよう。ちなみに「山の神」という呼称は平成一九（二〇〇七）年、順天堂大学の今井正人を評して生まれた表現である。

そんな末永の活躍により五位に入った中大だが、首位の慶大からは一六分以上も離されていた。二度目の優勝を目指す中大としては、かなり苦しい展開だった。

七位は立教大学。一区で首位に立った立大だが、その後はじりじりと順位を落とし、終わってみれば七位という成績であった。

農大の百東武雄さんは、箱根神社のゴールに八位で飛び込んだ。百東さんの記録は一時間四六分二五秒。区間七位だった。

以下、往路記録である。

一位	慶應義塾大学	六時間五二分四三秒
二位	日本大学	六時間五八分二八秒
三位	法政大学	六時間五八分四五秒
四位	東京文理科大学	七時間〇四分四七秒

五位	中央大学	七時間〇九分三六秒
六位	早稲田大学	七時間一二分四五秒
七位	立教大学	七時間一八分一〇秒
八位	東京農業大学	七時間三四分四三秒
九位	専修大学	八時間〇四分二八秒
一〇位	拓殖大学	八時間二五分三〇秒
一一位	青山学院	八時間二六分五六秒

小田原中継所で二位だった専大は、二見敏進のブレーキにより九位まで順位を落とした。このブレーキに関し、昭和一八（一九四三）年一月八日付「朝日新聞」（東京本社版）は、興味深い内容を伝えている。

〈専修大学は往路第三走者の肉ばなれにより準備不足の補欠選手を第五区に起用したため第八位に顚落してしまった〉

この記事によれば、三区に登録した選手に故障が発生した影響で、本来は五区を予定していた西川尚淳が三区に回り、補欠登録だった二見が急遽、五区を走ったということになる。

しかし、大会の公式プログラムに記載されたメンバー表には、専大の五区として二見の名前がしっかりと事前登録されている。メンバー表には、三区に加藤勝明という名前があり、西川は補欠登録となっている。つまり、加藤に代わって補欠の西川が三区を走ったということになろう。五区の走者は変わっていない。

しかも、この記事では専大の順位が「第八位」と書かれているが、実際には九位である。この記事の信憑性は低い。

一方、『専修大学体育会陸上競技部走友会85周年記念誌』には、以下のような記述が見られる。


〈五区は病床よりかついで行って走るという苦しいレースだったという〉

二見が体調を崩していた事実を示す文意である。この記述が正しいとすれば、ブレーキも已むなしと言ったところであろうが、本人は忸怩たる思いであったに違いない。この辺りの事情に関する情報の錯綜が、先の新聞記事の誤報に繋がったとも考えられる。

一〇位に入ったのは拓大である。拓大の五区・小梨豊は宮城県気仙沼市の出身。当時、拓大には東北地方出身の若者が多く集まっていた。

これは、岩手県が生んだ二人の巨人、後藤新平と新渡戸稲造の影響による。仙台藩水沢城下に生まれた後藤は、台湾総督府民政長官や満鉄（南満洲鉄道株式会社）初代総裁などを歴任した後、拓大の学長に就任。同校の礎を築いた。また、陸奥国岩手郡出身の新渡戸は『武士道』を著した後、第一高等学校長や東京植民貿易語学校長などを経て拓大の学監に就いた。後に拓大から名誉教授号を受けている。

そんな関連から、東北の優秀な若者たちは拓大への進学を望んだ。小梨もまさにそんな青年の一人であった。

一〇位でタスキを受け取った小梨は、果敢に急坂に挑んだが、順位は変わらず。個人記録も区間一〇位だった。

小梨は戦後、高校の社会科の教諭として教育の現場に身を投じた。

最下位は青学だった。首位・慶大との差は、実に一時間半以上にも及んだ。今よりも大学間の実力差が大きかった状況を表す数字である。青学の五区走者である江本三《み》千《ち》年《とし》がゴールした時、箱根はすでに薄暗くなっていたという。

江本は戦後、新日本放送（現・毎日放送）に第一期生として入社。その後、NTV（日本テレビ放送網）に移籍し、アナウンサーとしてスポーツ中継の実況を長く務めた。昭和二八（一九五三）年一〇月、巨人と南海との間で争われた日本シリーズでは、第四戦のテレビ中継の実況を担当している。

昭和二九（一九五四）年二月には、NTV初のプロレス中継となる「力道山・木村政彦組対シャープ兄弟戦」が三日間にわたって挙行されたが、江本はこの栄えあるシリーズの三日目の実況を任された。また、昭和三〇（一九五五）年に公開された東宝映画「不滅の熱球」には、アナウンサー役として出演を果たしている。

そんな江本の妻である記代さんは、今は亡き夫についてこう振り返る。

「のどかな性格の温かい人でした。小学校時代は身体が弱くてヨタヨタしながら学校に通っていたそうです。それで周囲から馬鹿にされたらしくて、悔しくて陸上をやったという話を聞いたことがあります」

箱根駅伝については、どう語っていたのだろう。

「必死になって山を登っていたら、地元の小学生が近付いてきて、『こっちに近道があるよ』

と囁いたんだそうです。山の中に抜け道があったんでしょうね。あまりに遅くて苦しそうに走っているから、小学生が見かねたんでしょうか。でも、夫はその時、『これで付いて行ったら、俺の人生は間違ってしまう』と思い、誘惑を振り切ったんですって。あの人らしいなと思いますけど、そんなことがあったらしいですよ。その後、夫は何とかゴールしたんですけど、『レース後に血尿が出た』とも話しておりました」

江本の記録は区間八位。青学の往路五人の内、三人が区間最下位の一一位だった点を考えれば、江本の記録は充分に健闘したものと言えよう。

翌六日の「読売新聞」には、「慶應往路力走」の見出しで、次のような記事が掲載されている。

〈東京―箱根往復百五十哩大学高専駅伝競走は昭和十五年以来中止していたが関東学連では三年ぶりに復活し第一日往路は五日午前八時靖国神社前を出発、十一校の強剛出場、猛烈な競り合いを演じ二区では立教、三区は日大が先頭を奪ったが四区、五区から慶應良く力走を続け往路の覇権を握った〉

しかし、戦時下という時局柄、その記事の扱いは従来の大会と比べるといかにも小さなものであった。

出陣学徒壮行会

東京農業大学の五区走者・百束武雄さんの大会後について記しておきたい。

「戦時下の箱根駅伝」の終了後、百束さんは己の人生の行方を真剣に模索した。

当時は、二〇歳になった男子には兵役の義務があった。しかし、大学や専門学校などに在籍する二六歳以下の者には、徴集が延期になる特別措置が認められていた。箱根駅伝を走った学生たちは、この恩恵を受けていたことになる。

ところが、下士官の深刻な不足に対応するため、政府は在学徴集延期臨時特例を公布。これにより、理工系や教員養成系を除く文科系学生の徴集延期が廃止されたのだった。

これが、いわゆる「学徒出陣」である。

先に「理工系」と記したが、農学部はその対象から除外された。こうして、農大生も学徒出陣に参加することが決まったのである。

「『農大生も入隊だ』ということになりましてね。それで、入隊前に家族に会っておこうと思って、大連に戻ったんです」

一〇月二一日、出陣学徒壮行会が明治神宮外苑競技場で行われた。競技場に集まったのは計七七校、約二万五〇〇〇人もの学徒たちであった。その中には農大を含め、箱根駅伝で競い合ったライバル校の名前もずらりと並んでいた。冷たい秋雨が降りしきる中、隊列を組んで分列行進する若者たちの中には、ハリマヤ足袋を軍靴に履き替えた元ランナーたちも混ざっていたのである。

「しかし、実は私は壮行会には出ていないんですよ。まだ、大連に戻っていましたから」

百束さんはそう振り返る。

スタンドには出陣学徒を送る在校生が五万人ほど集まっていた。

競技場を行進する学徒たちの姿は、今もあの戦争を象徴する一つの光景として語り継がれる。その後、東條英機首相が、

「諸君が悠久の大義に生きる唯一の道なのである」

と訓示。出陣学徒の代表として東京帝国大学の江橋慎四郎が、

「生等《せいら》、今や見敵必殺《けんてきひっさつ》の銃剣を提げ、積年忍苦の精進研鑽を挙げて、悉く此の光栄ある重任に捧げ、挺身以て頑敵を撃滅せん。生等、もとより生還を期せず」

と答辞を述べた。

この日の新聞各紙の夕刊には、「米英撃滅」「堂々の分列行進」といった見出しが一斉に並んだ。

北部第一八部隊に入営

出陣学徒壮行会には欠席した百東さんだったが、大連から日本に戻った後、本籍地の山形で従弟と共に徴兵検査を受けた。甲種合格の条件は、身長一・五二メートル以上、胸囲八〇センチ以上、体重五二キロ以上、裸眼視力〇・三以上（矯正視力〇・八以上）である。その他、疾病や異常のない者が対象とされた。

百東さんの結果は、甲種合格だった。一方、共に徴兵検査を受けた従弟は、心臓弁膜症のため「第三乙種」で不合格となった。

同年末、百東さんは山形県の北部第一八部隊に入営。歩兵砲中隊の一員として、初年兵生活を送った。

「当初は『満洲育ち』というので、周囲から珍しがられました。寒い時期でしたけど、ストーブを炊くのは、私が一番うまかったですね。石炭を燃すダルマストーブです。下士官から

『さすが満洲育ちは違うな』なんて褒められましたよ」

しかし、石炭は配給制。すぐに不足した。すると上官から、

「おい、かっぱらってこい」

との命令。百束さんは仕方なく、営内にある石炭の保管所へと忍び込んだ。

「軍隊というのはそういうところですよ。私は要領よくやりましたけどね。もし見つかったら、えらいことですよ」

それでも、陰湿な「いじめ」のような悪習は、あまりなかったという。

「私は殴られた経験はそんなにありません。部隊長命令で『ビンタ禁止』という御触れが出ていましたから、その影響だったと思います。ただ、『よく殴られる奴』というか『殴られ役』になっていた者がいたのも事実です。ヘマが多い新兵などは、どうしても上官に睨まれてしまいます。それで、スリッパで叩かれたりとか、そういうことはありましたね」

陸上競技部での経験が、軍隊生活に役立つような場面はなかったのだろうか。

「歩兵砲中隊の連隊砲である明治四一年製の『四一式山砲』を五人で引っ張るのですが、柔道経験者なんかに比べると、陸上あがりの私などは身体は小さいし、なかなか大変でしたね。しかし、陸軍は何かとよく走らされますから、そんな時には『模範兵』でしたよ」

上残飯と下残飯

東京農業大学出身の百束武雄さんには、次のような軍務が予定されていたという。

「私は南方の現地自活要員でした。南方の戦線で、畑仕事の他、牛、豚、ニワトリなどを飼ったりする際の指導員になる予定でした」

百束さんは北部第一八部隊の内状について、こう振り返る。

「すでに食糧が不足していました。酒保にもろくに食べ物がないんですから。それで、兵隊たちは残飯に手を出すんですけど、残飯には『上《じょう》残飯』と『下《げ》残飯』がありましてね。『上残飯』は洗い場に持って行く前の食器にある残飯、『下残飯』は食器を洗った後の残飯です。この『下残飯』を食う奴もいたんですから、ひどいものですよ」

軍馬の当番の者は、馬の飼料にまで手を付けたという。

「いわゆる高粱ですね。精白していない高粱を、チューインガムのようにクチャクチャと噛んでから食べる。しかし、これを食べ過ぎるとほぼ間違いなく下痢になるんです」

北部第一八部隊は補充部隊であり、規定の訓練を終えた兵士たちは次々と戦地に送られた。

そんな山形での生活だったが、その内に百束さんは胸膜を患った。年末は医務室で寝ていたが、あと一日、熱が下がらなかったら、山形陸軍病院へと回されることになった。そうなれば、兵役が免除になる可能性もあった。

ところが、幸か不幸か、百束さんの熱はその晩に下がった。

「まあ、それでも当時は愛国心に燃えていましたからね。よし、良かったと思ったものですよ」

ただし、この胸膜の影響で、百束さんの勤務地は内地に変更となった。外地の戦線への派遣を免れたのだった。

昭和一九（一九四四）年二月、百束さんは経理部衣糧幹部候補生として、青森県の弘前経理部に転属となった。

「山形の部隊からは四人が経理部に進みましたが、試験などは特に受けていません。経理部に兄がいた者などは縁故で決まったようでした。やっぱり経理部は戦地に出る部隊とは違いますから、実は人気があったんですよ。みんな心の中では命が惜しかったのでしょう」

だが、経理部では「演習がない」との理由で、食事の量を減らされる日もあった。そんな時、百束さんを救ってくれたのが、青森県の名産であるリンゴだった。

「リンゴは食べ放題でした。初めは皮の付いたものをかぶりついて食べていましたが、少しずつ飽きてくる。その内に、ようやく皮を剥いてから食べるようになりました」

その後、百束さんは東京・深川の越中島にあった陸軍糧秣本廠に異動。兵士の食糧や軍馬の飼料などの管理が、糧秣廠の軍務である。

「各地の部隊に送る糧秣の管理をしていました。質の悪い赤い米ばかりでしたが、偉い人たち向けには白い米や、パンを焼くための小麦などもありましたよ。下の者が食べる物とは、随分と差がありましたね」

東京大空襲

やがて、主計軍曹となった百束さんは、世田谷の陸軍機甲整備学校でトラックなどの運転に関する講習を二カ月間ほど受け、技量試験に合格。二〇名の受験者の内、合格したのは四名だけという難関だった。

「消防自動車を運転できる人員が少なくなっていたんですね。それで、私たちが回されたわけです」

昭和二〇（一九四五）年には、芝浦の東京出張所に派遣され、補給科での軍務を任された。

「毎月、あちこちの部隊に食糧を補給する仕事です。糧秣廠には米もあったのですが、各部隊には精白した高粱などを送る機会が増えていきました」

そんな中で迎えた三月一〇日、東京上空に米軍の大編隊が出現。世に言う「東京大空襲」である。

米軍は東京の下町一帯に無数の焼夷弾を投下。木造家屋が密集する市街地を、一気に焼き払う作戦だった。

Ｂ29は二二〇〇馬力のエンジン四基を積んだ新型の大型爆撃機である。爆弾の最大搭載量は九トンにも及んだ。

米軍は新兵器のＭ69焼夷弾を使用。この焼夷弾は、木造家屋の多い日本の都市を想定して開発されたものである。炸裂するとナパーム（ゼリー状の油脂）が周囲に飛び散る仕組みとなっていた。まず、都市の周辺部にこの焼夷弾を投下して「火の壁」を作ってから、その内側を焼き尽くしていくという作戦が実行に移された。

すなわち、この攻撃は非戦闘員である民間人を標的とした無差別爆撃であった。紛れもない戦時国際法違反である。

「東京出張所は芝浦の沿岸部にあったのですが、私たちは岸壁に縄梯子を垂らし、それに捕まって空襲を遣り過ごしました」

結局、東京出張所は大きな戦火を免れたが、深川の越中島にある陸軍糧秣本廠は罹災。深川は空襲の「第一目標」でもあったため、地域全体が灰燼《かいじん》に帰した。

この空襲により、一夜にして八万から一〇万人もの犠牲者が発生。被災者の数は一〇〇万人を超えた。

翌日、百束さんは救援隊の一員として、越中島の陸軍糧秣本廠へと向かった。百束さんが軍用トラックのハンドルを握った。

荷台に食糧を積んで芝浦を出発したが、途中の道から見える光景は一面の焼け野原だった。まだ火が燻《くすぶ》っており、焼死体がゴロゴロと散乱していた。

「一〇日の朝ですね。越中島まで行きましたが、それはそれはひどいものでしたよ」

鼻梁に皺を寄せながら、百束さんはそう振り返る。

到着先の陸軍糧秣本廠の敷地内には、多くの避難民の姿があった。

「本廠も焼けていましたが、あそこは敷地がとても広いですからね。そこに被災した人々を受け入れていたわけです」

後日、この時の救援隊のメンバーは、上層部から表彰を受けた。しかし、百束さんの名前だけが何故か漏れていた。

「すまないが、これをやるから許してくれ」

百束さんは代わりに、蜂蜜の入った瓶をもらったという。

その後、百束さんは埼玉県の浦和にあった糧秣廠の支廠に転属。当時の浦和中学（現・埼玉県立浦和高等学校）の校舎が、支廠の事務所として使用されていた。

百束さんは、この地で八月一五日の敗戦を迎えた。玉音放送を聴いた記憶はない。上官から「敗戦」を知らされた時、真っ先に百束さんの脳裡をよぎったのは、

（大連の家族はどうなるのか）

という不安であったという。

第3章

戦時下の箱根駅伝～復路

最終10区での先頭争い

成田静司の挑戦

「戦時下の箱根駅伝」の復路が始まろうとしている。

往路で慶應義塾大学に次ぐ二位に付け、逆転優勝を狙う日本大学の六区を任されたのは成田静司である。

成田は大正一一（一九二二）年、青森県弘前市の生まれ。地元の弘前中学（現・青森県立弘前高等学校）を卒業した後、上京して日本大学専門部の商科に入学。その後、商学部へと進んだ。

陸上競技部の門を叩いた成田が得意としたのは、四〇〇メートルや八〇〇メートルといった中距離だった。昭和一六（一九四一）年一〇月に行われた関東学生選手権の八〇〇メートルでは、一分五八秒一というその年の日本最高記録で大会を制している。

そんな成田が、選手不足に悩む駅伝チームに誘われたのだった。成田は眦《まなじり》を決して駅伝への挑戦を決めた。

大会前に行われた合宿では、コースの適性を確認するため、箱根駅伝の全区間を試走。その結果、成田は六区の山下りを任されることになった。成田はつま先を使って走るそれまでの中距離用の走法から、足裏の全体を着地させ、腰を落として前に進むランニングフォームに変えたという。

これは今で言う「フラット走法」であろう。着地を足裏全体で行い、親指の付け根の母子球で地面を押し出すようにして走るのがフラット走法である。この走法だと、着地時の足の位置が身体の前方ではなく臀部の下方となる。その結果、重心が真下の方向にかかりやすくなるため、身体の上下動が少なくなり、膝にかかる負担が減る。「山下り」にも適した走法と言える。

日本中距離界屈指の名ランナーが、箱根の山下りにしっかりと照準を合わせていた。

復路前夜、成田は日記にこう綴っている。


〈一年の総決算の日が遂に来た。九時山に上りて待つ。一区二区三区四区の戦況は如何に。気が気でない。箱根に入ったのは我校に非ず慶應の岡が竹中監督の伴走にて入ってきた。小田原にて六位の日大二位にて入る。五十ｍ後方を法政だ。１着との差五分四五秒。いよいよ明日の決戦は俺の脚にかかっているのだ。（略）明日は本当に体が砕けて粉になる気で下るぞ。山手が待っているぞ。山手が〉

山手とは七区の走者である山手学のことを指している。このような日記をしたためてから床に入った成田だが、緊張と興奮のせいであろう、なかなか寝付けなかったという。

復路当日、成田は午前五時半に起床。朝食を摂り、午前七時前から準備体操を開始した。前日の五区で「四人抜き」を達成した駅伝主将の杉山繁雄が、アップに付き合ってくれたという。

箱根神社からのスタート

昭和一八（一九四三）年一月六日、箱根は凍てつくような寒さだった。降雪はなかったが、山並みを渡る乾いた風が冷たかった。枯れ木も凍えるような箱根の朝である。

スタート時間は午前八時の予定であった。午前七時頃、六区の選手たちが準備運動を開始。吐く息が白く伸びた。

午前七時半、大会役員と選手たちは、揃って箱根神社を参拝。古来、源頼朝や徳川家康などからも崇敬を集めた名社で、「戦勝祈願」を行った。

箱根神社は各皇族方からの尊崇も篤い御宮だが、復路当日はちょうど皇太子殿下が御参拝されていた。この「御通り」があった関係で、復路のスタート時刻は三〇分後にずれ込むこととなった。

午前八時半、レース開始。現在と同じ時差スタートである。慶應義塾大学の六区・須藤直良が、箱根神社前から先陣を切って走り始めた。

この須藤に関して『慶応義塾体育会競走部史』には、次のような記述がある。


〈2日目の山下りは、木村に決まっていたが、練習中の足の故障で出場せず、急遽、須藤を起用しての、背水の陣であった〉


しかも、須藤の元々の専門は「四〇〇メートルハードル」だった。そんな須藤が、山下りの六区に飛び出して行った。

慶大から五分四五秒遅れで、日本大学・成田静司がスタート。さらに、日大から一七秒遅れで、法政大学・武田清が駆け出した。

レースは芦ノ湖を過ぎた辺りで早々に動いた。三位の法大・武田が、日大の成田に追い付いたのである。両者は並走するような形となった。

日大・成田の脇には、前日に五区を走った杉山繁雄の姿があった。「自転車で伴走した」

と記された資料も残っているが、成田と共に杉山が走っている写真が現存する。戦時下らしい質素な作業服で身を固めた杉山が、復路の伴走役を務めていた。

この杉山の伴走に関して、当時の『日本大学新聞』(昭和十八年一月十日付)にはこう記載されている。

〈山登の杉山は駅伝主将として自身は断然敗勢を挽回したほか、翌日は伴走に激励に一つの躰を三つにする位の迫力をもって監督やコーチを助け涙ぐましいものがあった〉

主将としての意地や矜持が、彼を突き動かしていたに違いない。

そんな杉山の応援を受けて走る成田は序盤、思うようなペースを摑めなかった。中距離で実績のある成田だが、初めて体験する長丁場のレースで、気負いや焦燥があったのかもしれない。体調が一時的に悪化したという話も残っている。

結局、小涌谷の手前で、成田は法大の武田に先行を許した。日大は三位へと順位を落とした。

小涌谷を過ぎた六区のランナーたちは、箱根登山鉄道の小さな踏切を渡って宮ノ下へと向かう。

宮ノ下には大勢の観衆が集まっていた。特に多かったのは、慶大と日大の応援団だった。

宮ノ下の丁字路の辺りには、慶大の塾長である小泉信三が立っていた。

慶大の教授を経て、昭和八（一九三三）年から塾長を務めていた小泉は、学生スポーツに深い理解を示した。テニスや野球を好み、「練習は不可能を可能にす」という言葉を残したことでも知られる小泉だが、実は陸上競技への関心も高かった。小泉は競走部の初代部長でもあった。

トップで通過する須藤に対し、小泉は帽子を振りながら大きな声で声を掛けたという。須藤はその姿に気付いたであろうか。

片や富士屋ホテルの前には、前日と同様、日大

6区をスタートする成田静司（中央）。隣は伴走役の杉山繁雄

の大応援団が集結。三位を走る成田に対し、「日大ガンバレ」と書かれた日の丸の小旗を振って盛大な声援を送った。

専修大学・佐藤忠司の激走

山下りでは心肺への負担は軽くなるものの、着地の衝撃による負荷は激増する。自分でブレーキをかけてしまわぬよう、重心をスムーズに前方に置くことを意識しながら走るのがポイントである。フォームを崩せば、転倒の恐れもある。

上位三校の後ろには、四位に東京文理科大学の渡辺福太郎、五位に中央大学の武田晋、六位に早稲田大学の小野嘉雄、七位に立教大学の古賀貫之、八位に東京農業大学の渡辺実と続いた。

四区の時点では二位だった専修大学は、五区の「ブレーキ」によって順位を九位まで落としていた。しかし、六区の佐藤忠司は諦めることなく、流れるようなフォームで前を追っていた。

胸には大きな「S」の文字が躍る。

佐藤は逗子開成中学（現・逗子開成高等学校）の出身。同校在籍中から、箱根駅伝には憧れの感情を抱いていた。

実は彼には、中学時代に箱根駅伝を沿道で観戦した経験があった。昭和一二（一九三七）年に行われた第一八回大会である。佐藤はこの大会を戸塚中継所で観戦し、その熱気に思わず底知れぬ興奮を覚えたという。その時の「お目当て」の選手は、ベルリンオリンピックに出場経験を持つ明治大学の南昇竜と、中央大学の村社《むらこそ》講平であった。

そんな中学時代を経て専大に進んだ佐藤は、当然の如く陸上競技部に入部し、箱根駅伝という目標に向かって妥協することなく邁進した。専大での練習は、次のようなものだったという。


〈それに備え優勝を目指し、先輩各位の指導、試合当日の心構えなど周到な準備（試合で勝って喜ぶために、練習の辛さで泣け）と合宿猛練習を重ねた〉（『箱根駅伝70年史』関東学生陸上競技連盟）

他大学と同様、専大でも道具不足は深刻だった。ハリマヤ足袋が足りないため、部員たちは地下足袋を履いて走った。マメへの対策として、足に石鹸を塗ってから練習に臨んだという。

そんな佐藤が任されたのが、山下りの六区だった。佐藤は六区の試走にも余念がなかった。

〈数回のレースコース、特に箱根の道路は六角形亀の子型石畳のため踵に大きなマメができるなど苦労した〉（同誌）

佐藤の記述によると、当時の箱根の道は「六角形亀の子型石畳」だったという。

調べてみると、昭和一三（一九三八）年一二月に内務省土木局が発行した『昭和十二年度直轄工事年報』の中に、「箱根・大平台での路面工事で、亀甲型のコンクリート舗装を施した」という内容の記載があるのを確認することができた。この年報によると、「亀甲型」の形状は「滑り止め」が目的であるという。佐藤の記す「六角形亀の子型石畳」とはこのことであろう。

現在の箱根の国道は、すべてアスファルトで舗装されており、戦前の路面はその下に埋もれてしまっている。

しかし、この「六角形亀の子型石畳」の実物の一部が現存している場所を見つけることができた。

その場所とは、塔ノ沢の老舗旅館である「環翠楼」を山頂方面に向かって通り過ぎた辺りの側道である。そこは国道1号の脇に位置する小さな一画で、現在は環翠楼の専用駐車場として使用されているが、その一部に「亀甲型」の舗装が残っているのである。

後に改めて調べてみると、かつての旧道は確かにこの場所を通っており、戦後に今の場所へと車道がずれたのだという。

何故、車道の位置が移ったのか。それは、戦前の塔ノ沢に「勝《しょう》驪《り》山《ざん》」という岩山があったためである。勝驪山は元より塔ノ沢のシンボルのような存在で、

「亀甲型」の舗装が残る箱根の旧道

江戸期の浮世絵にもその姿が多く描かれている。勝驪山という名前の由来は、江戸時代初期、かの徳川光圀がこの地を訪れた際に、随伴していた明国の儒学者・朱舜水が、「唐の玄宗皇帝が離宮を建てた温泉場である驪山より優れたところ」と絶賛したことから命名されたと言われている。

箱根の旧道は明治期に整備されたが、当時の道はこの勝驪山を迂回する形で通されていた。しかし、戦後に勝驪山は削られ、今のような車道の位置になったのである。

こうした経緯により、現在の国道1号の脇に旧道の痕跡が存在する形となっているのであった。

この「亀」たちの上を、戦時下の選手たちは踏みしめて行ったのである。亀たちは、かつてのハリマヤ足袋の感触を覚えているであろうか。

確かに、足への負担の掛かりそうな路面である。ましてや足袋での走行となれば、選手たちはかなり神経を使ったに違いない。もし足を取られれば、大怪我にも繋がりかねない。

そんな路面を蹴って、専大の佐藤は快調に山を下った。

中学時代に観戦した「夢の舞台」の中に自分がいた。沿道で胸を熱くしたあの日から五年、初志貫徹した佐藤は、憧れの道を疾走していたのである。

前日のブレーキによって順位を大きく落としていた専大だったが、佐藤は全力を尽くして急坂を駆け下りて行った。

湯本を過ぎてからの上位争い

六区の首位を走っているのは、慶應義塾大学の須藤直良である。

塔ノ沢の老舗旅館「一の湯」の前では、須藤にひときわ大きな声援が飛んだ。同館の館主が慶大のＯＢだったこともあり、慶大競走部はこの温泉宿でよく合宿を行っていた。館主（一五代目）である小川晴也さんはこう語る。

「私自身は戦後の生まれですので直接は知りませんが、慶應の合宿に関しては幾つか逸話が伝わっています。例えば、『合宿中の選手たちは、緊張から徐々に食事の量が減っていくので苦労した』というような話です」

小川さんが続ける。

「当館には〈おしげさん〉という名の仲居さんがおりましてね。この方は私も知っておりましたが、とても元気な仲居さんでして。この〈おしげさん〉が箱根駅伝の大ファン。戦前の大会の時、復路で慶大の応援トラックに思わず飛び乗って、東京まで行ってしまったという伝説が残っています」

昭和一八年大会では伴走の応援トラックは出ていないため、これはおそらくそれよりも前の大会で起きた話であろう。しかし、きっと昭和一八年大会の際にも「おしげさん」は沿道に出て、須藤に対し叱咤激励の声を送っていたと思われる。

塔ノ沢を抜けて箱根湯本駅の前を過ぎると、起伏の少ない道が中継所まで続く。視界も一気に開ける。

急坂を下ってきたランナーたちにとって、この変化への対応は容易ではない。選手によっては、目の前の平坦な道が「上り坂」に感じられる場合もあるという。ここでギアの変速に失敗すると、ペースを大きく落としかねない。

さらに、この時間に気温が上昇する場合が多く、しかもスタート地点との標高差の影響もあって、体感温度は否応なく上がる。ゆえに、この地での順位の変動は意外と多い。

それはこの大会でも同様だった。

湯本を通過した時点で、慶大、法大、日大の三校が一〇〇メートル以内を走るという接戦となっていた。

レギュラー選手の故障によって出走が決まった慶大の須藤だが、そんな彼の背後に二位を走る法大の武田清が迫っていた。首位争いをする三人の中で、最もペースが良かったのがこの武田だった。武田はとうとう須藤をとらえ、そして躊躇することなく一気に抜いた。六区終盤での首位交代である。法大が前日からのレースを通じて、初めてとなるトップに躍り出た。

法大の陸上競技部は、大正八（一九一九）年四月に「競走部」という名前で発足。大正九（一九二〇）年四月、陸上競技部へと名を改めた。当時からユニフォームには今に連なる「H」の文字があしらわれていた。

箱根駅伝には第二回大会から出場。その後、順調に出場回数を増やしていった。しかし、レースでは総じて中盤から下位に沈むことが多く、最高順位は第一二回大会で記録した三位。いまだ優勝の経験はなかった。

そんな「伏兵」とも言える法大が、戦時下の大会において首位に立ったのである。

こうしてトップは法大となったが、二位争いも熾烈だった。レース序盤は思うようにピッチを上げられず、二位から三位に順位を落とした日大の成田静司だったが、その後はしっかりと走りを修正し、中盤以降は良好なペースを保っていた。かつて中距離界で全国的にその名を轟かせた誇りが、粘りの走りに繋がったのであろうか。

（山手が待っているぞ。山手が）

前夜の日記に紡いだその言葉を、彼は走りながら反芻していたのかもしれない。成田は前方を行く慶大・須藤との距離を着実に狭めた。

ちなみに、この時、激走する成田が意識を失いそうになって白目を剥いたため、伴走するコーチの森本一徳が成田の顔に焼酎を浴びせたといういささか劇画的な逸話も伝えられるが、その真偽は不明である。日大関係者は、

「まあ、この手の話は尾ひれがつきやすいですから」

と苦笑する。

箱根登山鉄道のガードの手前で須藤に肉迫した成田は、並走することなくそのまま逆転。日大の順位を二位へと戻した。最後までレースを諦めず、持っている力を出し切ろうとした成田の踏ん張りが生んだ挽回劇であった。

多くの観衆で賑わう小田原中継所に最初に飛び込んで来たのは、法大の武田だった。武田は「二人抜き」の快走であった。法大に復路の「いい流れ」をもたらすような素晴らしい走りだった。

四三秒遅れの二位でタスキを繋いだのは日大である。成田は誇り高きピンクのタスキを、

七区の山手学へと渡した。序盤にペースの上がらなかった成田だが、終わってみれば区間三位という見事な成績だった。

首位で復路をスタートした慶大は、六区では苦戦。須藤は力走を見せたが、三位まで順位を落とした。

区間一位は、後方で他を寄せ付けない走りを見せた専修大学の佐藤忠司。記録は一時間一四分二三秒である。

中学時代に沿道で箱根駅伝を観戦し、憧れを募らせていた少年が、長く厳しい鍛錬の末、夢の舞台で輝かしい結果を残したのであった。

変遷する部の形

山下りの六区で粘りの走りを披瀝した日本大学の成田静司だが、彼の大会後について触れておこうと思う。

昭和一八（一九四三）年四月一八日、連合艦隊司令長官である山本五十六がソロモン諸島にて戦死。乗っていた一式陸攻が、米軍機に撃墜された結果である。敵機は山本機を待ち伏せていたが、これは日本側の暗号が解読されていたのが原因だった。

山本の死は約一カ月間も国民に伏せられた。大本営がこの事実を公表したのは、五月二一日である。大本営はこう発表した。

「連合艦隊司令長官海軍大将山本五十六は本年四月、前線において全般作戦指導中、敵と交戦、飛行機上にて壮烈なる戦死を遂げたり」

日本国内に激震が走ったが、このニュースを知った成田は、日記にこう書き留めた。

〈五時のニュースにて山本五十六連合艦隊長官戦死の報あり。悲しみと打倒米英の念新たに燃ゆる〉

戦局の悪化に伴い、日々の軍事教練は厳しさを増した。しかし、成田を含む陸上競技部員たちは、陸上の練習を優先。軍事教練をたびたび欠席した。

そんな状況が続いた五月二六日、駅伝主将の杉山繁雄、そして「戦時下の箱根駅伝」で三区を走った河村義夫と共に、成田は大学の教務課から呼び出しを受けた。教務課に赴くと案の定、

「軍事教練の出席が悪い」

との叱責だった。
教務課には、部員たちの保証人であった監督の山田穂漣まで呼び出され、厳重な注意が与えられた。部員たちとしてもこれ以上、監督の顔に泥を塗るわけにもいかず、以降は軍事教練に出席するようになったという。

キスカ島・奇跡の撤退作戦

七月七日の成田の日記には、次のような一文がある。

〈キスカ島に明地さん居るとの事　もう絶対絶命だ〉

明地とは昭和一四（一九三九）年の第二〇回大会で日本大学の九区を走り、戸塚の「開かずの踏切」で足止めを食らって涙を呑んだ明地邦整のことである。成田にとっては、部の良き先輩であった。
その明地がキスカ島に駐留しているという話を伝え聞いたのだった。キスカ島は、アリューシャン列島の西部に位置する小さな島である。昭和一七（一九四二）年六月、日本軍はこの島と、その西隣にあるアッツ島に進出。以来、キスカ島に約五二〇〇人、アッツ島に約二六〇〇人の陸海軍将兵を駐屯させた。

しかし、昭和一八（一九四三）年五月、米軍の反攻により、アッツ島が陥落。同島の守備隊の生存率は、実に約一％という凄惨な戦いであった。大東亜戦争において、アッツ島の戦いは「玉砕」という言葉が冠された初めての戦闘となった。

米軍が次に矛先を向けたのが、その隣りに位置するキスカ島だった。すでにこの島は、米軍の艦船に包囲されていた。

そんなキスカ島に、明地がいるのだという。そのことを知った成田の驚きと絶望が、日記の文面に滲む。

だが、日本軍は諦めていなかった。日本の陸海軍は協力して、キスカ島の将兵たちを救助するための撤退作戦を敢行。日本軍が採用したのは、濃霧に紛れる形で軽巡洋艦や駆逐艦をキスカ島に突入させ、守備隊を速やかに乗艦させた上ですぐに反転、帰投するという作戦だった。キスカ島の周辺は、濃霧が発生しやすい気候で知られていた。

七月七日、軽巡洋艦「阿武隈」を旗艦とする救援艦隊が、キスカ島を目指して幌筵島《ほろむしろとう》を出航。しかし、周辺海域で遊弋しながらいくら待っても、期待したような霧が発生しない。刻一刻と燃料が減っていく中、第一水雷戦隊司令官の木村昌福《まさとみ》は、「帰ればまた来られる。帰ろう」

と苦渋の決断を下し、艦隊は一旦、幌筵島へと戻った。帰港した木村のもとには、「弱腰」「臆病者」といった多くの批判が集中した。

しかし、木村はそのような声を泰然として受け止めた。そして、七月二二日、艦隊は再びキスカ島に向けて出航した。

七月二九日、周辺海域は深い濃霧に包まれた。木村は速やかに島への突入を指示。さらに幸運なことに、米軍側がレーダーの誤認によって混乱し、大半の艦船がキスカ島周辺からちょうど離れている間に、日本の救援艦隊が突入する形となった。

日本側はわずか五五分の間に、約五二〇〇名もの将兵たちを各艦船に収容。直ちにキスカ島から離脱した。

こうして、キスカ島撤退作戦は奇跡的な成功を収めたのである。何も知らない米軍は「もぬけの殻」となったその島に対して、数千発もの砲弾をその後に打ち込んだ。日本軍の撤退を理解したのは、大規模な上陸作戦を開始した時のことであった。島には数匹の軍用犬がいただけだった。

アメリカ側はこの戦いを「日本軍のパーフェクトゲーム」と呼んだ。

そんな撤退作戦で救われた約五二〇〇名の将兵の中に、かつて箱根駅伝を走った日大の明地も含まれていたのである。

成田の八月二二日の日記には、こう記されている。

〈キスカ島の我軍無事撤収を終ったとの報あり。実にうまい事をやった。明地さんよ万才〉

友との別れ

先輩である明地邦整の無事を知って安堵した成田静司だったが、自身の生涯も戦争によって大きく変わろうとしていた。

昭和一八（一九四三）年九月二二日、「学生の徴兵猶予の停止」が発表された。理系の一部の学生などを除き、学生の徴兵適齢者は徴兵検査を受けて入隊する運びとなった。

商学部の成田も、徴兵の対象となった。成田はその衝撃を日記にこう記す。

〈学徒徴集延期停止、文科系統閉鎖とのニュースあり。朝刊をにぎわした。もう試合どころ

の話ではない〉

成田とは合宿所でずっと同部屋だった慶田喜重は、繰り上げ卒業であったため、一足先に帰省することになった。慶田は沖縄の出身である。専門は円盤投げで、第二四回関東インカレで二位に入った実績を持つ。成田はこの慶田と日頃から最も仲良くしていた。家族のように共に過ごした親友との別れを、成田は心から惜しんだ。

〈慶田、今日は大雨と凧なので明日出発とす。彼奴も可哀想だよ。ああ彼らと別れるかと思うと実に淋しい。でも互に兵隊だ元気でやろうぜ。もう逢えるかどうか、生きて居たら又逢いたいものだ〉

一〇月二一日、明治神宮外苑競技場での「出陣学徒壮行会」。だが、成田は「欠席届」を提出し、参加しなかった。

一〇月二三日、故郷である青森県弘前市に帰省し、青森公会堂で徴兵検査を受けた。結果は甲種合格。成田は海軍を希望した。

その後、成田は慌ただしく東京へと戻った。

合宿所からの旅立ち

帰京した成田は、海軍入団への準備を整えた。そんな彼に、合宿所を出る日が近付く。彼はその時の切ない心境を、日記にこう綴っている。

〈ああグランドよ　もうお前と分れる日も近い。淋しい気がする。（略）恩は忘れんぞ、グランドよ〉

寂寞とした心情が伝わってくる文面である。

一一月に入ると、送別会や壮行会などが相次いだ。コーチの森本一徳の自宅を訪ね、酒宴を愉しんだ夜もあった。

一一月二五日、合宿所を出て東京を発つ日がやってきた。成田は海軍に入団する前にもう一度、故郷の弘前に戻るつもりだった。

〈今日は出発の日なり。四年間の合宿生活を考える時、感慨無量のものあり。近所や知っているところへ御別れにゆく〉

成田は青春の思い出の詰まったグラウンドに最後の別れを告げた。彼はグラウンドの土を一握り掴み、それを大切に荷物の中へとしまった。銀杏の葉がグラウンドに舞っていた。

成田は見送りの者たちと共に、上野駅へと出た。

〈上野駅にて歌をうたったら叱られたが万歳をしてくれた。（略）南雲、駒場は遅れて来たが、松戸行電車フォームから電中の俺を見付けて駅員のおこるのもかまわず、俺のために送ってくれた。生まれてはじめて、しびれる様な感激を味わった〉

「南雲、駒場」というのは、南雲真男、駒場滋喜という名の後輩のことを指している。

翌日、弘前に着いた成田は早速、各所へ挨拶に赴いた。同時に、彼は家族との束の間の時間を惜しんだ。一家揃って写真も撮った。

一二月八日、家族と別れの挨拶を交わし、成田は神奈川県の横須賀へと向かった。

同月一〇日、横須賀第二海兵団に入団。新兵として基礎教育を受ける日々へと入った。同月二九日の日記には、こんな文章が並んでいる。

〈去年の今頃は駅伝の練習で死物狂いだったなあ、思い出される小田原の地よ、山を走り、郷を共に走った友も今は兵隊さんで一生懸命だろう。なつかしき友よ、健在たれ〉

海軍飛行専修予備学生として

昭和一九(一九四四)年二月一日、成田は海軍飛行専修予備学生(海軍飛行科予備学生)として、土浦海軍航空隊に入隊。第一四期生だった。入隊総員は三三二三名である。同期には、職業野球(現・プロ野球)の「名古屋軍」(現・中日ドラゴンズ)でエースピッチャーだった石丸進一や、戦後に徳島県立池田高等学校野球部監督として甲子園を沸かせた蔦文也、「水戸黄門」の主演などで活躍した俳優の西村晃らがいる。また、戦後に関東学連の副会長を務めた柏倉敬司も、立教大学からこの第一四期海軍飛行専修予備学生へと進んでいた。

海軍飛行専修予備学生とは、飛行機搭乗士官の不足に備え、大学や高等専門学校の卒業生などから志願制により採用した飛行科予備士官制度がその起源である。昭和九（一九三四）年から始まったが、人員の不足により次第に大量採用されるようになっていた。

第一四期生の成田は、土浦海軍航空隊で厳しい訓練を受けた後、静岡県の大井海軍航空隊に赴任。同隊は昭和一七（一九四二）年四月、全国有数の茶畑が広がる牧之原台地に発足した部隊である。長さ一五〇〇メートル、幅八〇メートルの滑走路を有する飛行場では、飛行訓練、通信訓練、偵察要員の育成などが行われた。いわゆる「練習航空隊」である。

同年末、成田は海軍少尉を拝命。日記には「少尉任官」という文字が、太く強調して記されている。当時、少尉に任官すると、官報に名前が掲載された。海軍士官としての俸給も出るようになる。

昭和二〇（一九四五）年の元旦の日記には、こう綴られている。

〈昨年の俺を反省して清らかな心でこの年を送る事を富士に誓う。（略）故郷の父母弟妹より心からなる新年おめでとうを云う。父母もきっと元気で御正月を迎えた事と思う。一度この俺の姿を御見せ致したい気持だ〉

そして、次のような決意と覚悟の言葉を連ねる。

〈今年こそ今年こそだ。国に報ゆる時は今だ。戦局益々重大、比島に死闘の連続だ。悠々と飛び来るB29、今に見てろ今に見てろ。早く太平洋に羽搏《はばた》く日を待つのみ〉

荒い息遣いが聞こえてくるような文章である。

三月一九日には、飛行訓練の最中に万感胸に迫るような体験をした。それは浜松の上空を通過した時のことだった。成田は浜松の街並みを上空から眺めながら、ちょうど一年くらい前に浜松で陸上の合宿をしたことを思い出したのである。日記にはこうある。

〈浜松のあのグランドを見て涙が出る様な感激を覚ゆ〉

成田の生涯において最大とも言える分水嶺が訪れたのは、それからわずか一週間後の三月二六日のことであった。

天一号作戦の発動

その日、連合艦隊より「天一号作戦」が発動された。

沖縄方面に進攻する連合軍への攻撃を目的とするこの作戦の発動により、大井海軍航空隊において「八洲《やしま》隊」が編成された。練習部隊がそのまま実戦部隊に改編された形である。そして、成田もこの八洲隊の一員となった。

この八洲隊とは、いわゆる「特別攻撃隊」であった。

すなわち、成田は特攻隊員へと編入されたのである。

ちなみに、戦後に記された幾つかの資料には、成田の所属部隊として「大洲隊」と記録されているが、これは間違いである。大井海軍航空隊で編成されたのは「八洲隊」であり、

大井海軍航空隊時代の成田

い。

「大洲隊」という部隊は存在しない。

八洲隊の一員となった成田だが、日記には特攻に関する直接的な感慨などは記されていない。

しかし、この三月末以降、そこに綴られる字体は次第に粗雑なものへと転じていく。元々は几帳面な読みやすい彼の筆跡が、徐々に判読すらしづらいものへと変遷していくのである。その線質の変化に、成田の心中の移ろいが投影されている。

「太平洋に羽搏く」ことを夢見ていた青年も、それが十死零生の「体当たり」になるとは思っていなかったであろう。「死」が不可避の現実として迫っていた。

特攻とは、世界史においても他に類を見ない攻撃方法である。昭和一九（一九四四）年一〇月のフィリピン戦線で初めて実行に移され、大きな戦果が上がって以降、この作戦は拡大の一途を辿った。米軍の日本本土への空襲を阻止するため、軍部が懊悩の果てに生み出した究極の一手であった。

八洲隊の一員となった成田も、「体当たり」に向けての訓練へと入った。成田が搭乗したのは練習機「白菊」である。

九〇式機上作業練習機の後継機として昭和一七（一九四二）年に採用された白菊は、多座機における操縦員以外の乗員の任務である航法や通信、観測などの訓練を行うための機体である。操縦性に優れ、近距離輸送や対潜哨戒などにも幅広く利用された。

そんな練習機である白菊が、特攻機に転用されたのである。二五〇キロ爆弾を両翼に一発ずつ装着し、胴体内の後部席に零戦用の燃料タンクを新たに装備。しかし、燃料タンクの増設により、最高速度は著しく低下した。そのため、夜間専用の特攻機として想定された。

そんな白菊に搭乗し、成田は猛訓練を重ねた。離陸発進、接敵、そして「体当たり」といった技術に関する練度の向上を目指したのである。

八洲隊の運命

牧之原台地には今も広大な茶畑に隠れるようにして、大井海軍航空隊の遺構が随所に残っている。

「牧之原コミュニティセンター」の玄関先には、大井海軍航空隊がかつて使用していた「時鐘」が保存されている。戦時中、この鐘は航空隊の本部前に設置され、三〇分ごとに鳴らされていたという。成田静司もこの鐘の音を聴いていたに違いない。

牧之原コミュニティセンターの周囲には、同航空隊の正門や煉瓦塀、朝礼台の痕跡も残存している。電探（電波探知機）の技術を身に付けるための講義が行われていた講堂も現存しているが、同センターのスタッフの話では、近いうちの取り壊しがすでに決まっているという。

成田はこの辺りを戦友たちと共に歩きながら、己と国家の将来について思いを馳せていたのであろう。

生還を期すことのない特攻隊員となって以降、成田の日記には悲壮感のある言葉が並ぶようになる。以下は、昭和二〇（一九四五）年三月二七日の文面の一部である。

〈敵はいよいよ沖縄島に上陸を開始せり。今日より我々に転進準備が下された。午前、特攻隊員写真を撮る。これが最後の写真になるかも知れん。父さん母さんいよいよ私も最後のご奉公の出来る日が参りました。遺言と云ってもゆっくり書くひまなく、こ

大井海軍航空隊の煉瓦塀跡

の日記帳が私の遺言になるかも分かりません〉

文字の乱れの中に、複雑な心境が垣間見られる。文字の陰に眠る数多の思い。そんな彼の心中には「戦時下の箱根駅伝」の記憶が揺れていた。

〈日本の勝利を確信して、九段の花と咲く日を唯静かに待っています。思えば駅伝競走でのあのスタートラインだった九段の鳥居が人生最后のゴールインでした〉

特攻を前にして、彼はただ死を恐れていたわけではない。先の文章は、次のような言葉で締め括られている。

〈今あのスタートラインに立った様な無我無心、鏡の如き気持ちで日を暮らしています。何事も徹底する事、今日本一の搭乗員たるべく訓練を続けています〉

四月六日、連合国軍の沖縄への進攻を阻止すべく、特攻隊による「菊水一号作戦」発動。

八洲隊にも特攻待機命令が下令された。

五月二〇日、八洲隊は第三航空艦隊に転籍。八洲隊は沖縄方面に投入されることなく、関東方面での戦闘に備えるよう命じられた。「特攻待機」の状態で、八洲隊は訓練を続行した。成田はある日の飛行中、機体の故障によって海面に不時着したこともあったと言われる。

六月二二日、第一〇号まで続いた一連の菊水作戦は終了。陸海軍合わせて三〇〇〇名以上が沖縄諸島周辺で特攻により散華したが、奮戦むなしく沖縄は米軍の手に落ちた。八洲隊の特攻待機命令は解除となった。

そして、八月一五日、日本は敗戦。

成田は生きて戦後を迎えた。すなわち、彼は「特攻隊の生き残り」となったのである。

戦後、成田は製麺業や建設業などを営んだ。地元の高校生にボランティアで陸上を教えたこともあったという。

日本大学陸上競技部を長く指導した水田信道さんは、生前の成田と何度か会っている。水田さんは成田についてこう振り返る。

「口の重たい方でした。戦争体験については、あまり話したがらなかったですね」

心の整理は、平成八（一九九六）年一〇月に永眠するまで付かなかったのかもしれない。

成田の息子である隆司さんは次のように語る。

「物静かな雰囲気の人でした。戦争の話ですか？　それはほとんど話しませんでしたね。しかし、私が小さい時、髭を剃っていた父の顎からガラスの破片が出てきたことがありました。それが戦時中のものだというので、とても驚いたのを覚えています。その破片が妙にキラキラと光っていたのが、やけに記憶に残っていますね」

成田の心身の内部には、常に戦争の痛みが横たわっていたのではないだろうか。その疼痛はガラス片のように排出されることなく、末期《まつご》まで内在していたのかもしれない。

日本大学の友人たちの中には、戦場で命を落とした者も少なくなかった。同部屋の親友で、沖縄出身の慶田喜重も、不帰の客となっていた。

さらに、「戦時下の箱根駅伝」で共に戦ったチームメイトの中にも、戦死した者がいた。

そのことは、もう少しだけ後に触れたいと思う。

早稲田大学の不振

「戦時下の箱根駅伝」は七区へと入っている。

六区でトップに立った法政大学の七区を走るのは山崎英丸である。山崎は三年前に行われた第二一回大会で八区を走り、区間六位というまずまずの成績を残している。山崎にとって、二度目の箱根駅伝であった。

この山崎を、日本大学の山手学が追う展開となった。中継所での両校の差は四三秒である。

この山手に関し、実兄が回想しているテレビ映像が残っている。それは、平成一二（二〇〇〇）年に行われた第七六回大会のテレビ中継で放送された「今昔物語」の中のインタビュー映像である。今回、東京・汐留の日本テレビ内に保存されていたＶＴＲを特別に見せていただいた。

レースの実況の合間に放映される「今昔物語」は、過去の名場面などを紹介する人気の企画だが、この中で山手の兄である修は、弟についてこう語っている。

「性格的には活発だったですね。非常に物事に対して積極的でね」

二人は年の離れた兄弟だった。兄の修は早稲田大学に進んだが、陸上はやらなかった。同校を卒業した修は、昭和一八（一九四三）年の時点ですでに軍隊に入っていた。修は弟が日大の陸上競技部に入部したことを、故郷からの手紙によって初めて知ったという。

兄は、弟が陸上に全力を尽くし、その青春を謳歌してくれることを望んだ。

そんな兄からの思いを胸に、山手は必死に首位の法大を追った。

山手の後ろの三位を走るのは、慶應義塾大学の落合静雄である。慶大も首位を狙える好位置に付けていた。

以下、東京文理科大学、中央大学、早稲田大学と続いた。

早大の競走部は、箱根駅伝に第一回大会から参加した伝統を有する古豪である。金栗四三らが発案した箱根駅伝の構想に逸早く理解を示し、その創設に協力したのも同部であった。

前述した通り、その協力者の中には後の大物政治家である河野一郎の姿もあった。河野は箱根駅伝の創設に関し、さまざまな仕事を手伝った。後に政界で発揮される行動力や折衝力の土壌があったのであろう、河野は巧みな辣腕を見せたという。

「河野は学生時代から指導力があった」

とは、多くの学友が語るところである。

河野はランナーとしても、第一回大会から第四回大会まで四度も箱根駅伝を走っている。早大の初優勝は、河野も走った第三回大会である。以来、昭和一八年までに七度の優勝を飾っていた。まさに、強豪中の強豪であった。

しかし、この「戦時下の箱根駅伝」では、思うように順位を上げられないでいた。一区で八位と出遅れると、その後も流れを変えるような走者は現われず、上位争いに絡めないまま七区を迎えていた。七区で六位という順位は、早大にとって納得のいくものではなかったであろう。

だが、この不振には大きな理由があった。実は早大にとって、この大会は五年ぶりとなる箱根駅伝だった。昭和一三（一九三八）年の第一九回大会から、早大は箱根駅伝の出場を辞退していた。早大は「駅伝は中・長距離陣強化に不適当である」という「駅伝有害論」を慶大と共に唱え、両校揃って出場を取り止めていたのである。このような早慶の主張の背景には、「箱根路に砂利道が多いため故障者が出る」「しばしば専門外の選手が起用される」といった点への不満があったとされる。

その結果、早大競走部には長距離の有力選手が集まらなくなり、戦力の低下が顕著となっていたのだった。二度の青梅駅伝には出場したものの、選手層の薄さは明らかであった。

そんな早大にとってこの「戦時下の箱根駅伝」は、ブランクとの戦いでもあったのである。

ちなみに、早大と慶大は戦後にも「駅伝有害論」を唱えた時期がある。慶大の競走部が現在まで続く低迷期に入ったのは、この「駅伝有害論」の影響があるとも言われている。

箱根駅伝に関しては今も「マラソン選手の育成には不適」「大学時代に選手が燃え尽きてしまう」といった否定的な意見が一部に存在するが、さまざまな論争は戦前からあったのである。

見事な逆転劇

そんな早稲田大学に続いて七位を走るのは、立教大学の高橋豊である。高橋は戦後、関東学連の幹事を務め、箱根駅伝の再建に尽力することになる。

後方で段違いの速さを見せたのが、九位でタスキを受けた専修大学の柴崎雄二郎であった。柴崎は序盤から軽やかに飛ばし、前を行く東京農業大学の宇賀豊を猛追。みるみる差を詰めていた。

初出場の青山学院は、最下位と苦戦が続いていた。

一方、優勝争いを演じているのは、法政大学、日本大学、慶應義塾大学の三校である。三位を走る慶大の落合静雄は、小田原中継所で四六秒の差があった日大・山手学との距離を着実に詰めていた。落合は第二回の青梅駅伝で七区を走った経験はあったが、箱根駅伝は初めての挑戦だった。

そんな落合が、期待以上の走りを見せた。小田原と二宮の境の辺りで山手に追い付いた落合は、力強い走りでそのまま一気に逆転。二位に順位を上げた。

次なる標的は、首位を行く法大の山崎英丸である。トップで中継所をスタートした山崎だったが、その走りのペースはあまり上がっていなかった。優勝の行方が混沌としてくる中、勢いに乗ずる落合は、確かな足取りで首位との差を縮めた。

落合はその後、山崎の背後をとらえ、そして躊躇することなく追い抜いた。順位が入れ替わった場所については、「国府津の近辺」という説もあれば、大磯町の「花水橋の近く」とする記録もある。しかし、小田原中継所でのタイム差から推計すると、「国府津の近辺」での逆転は考えにくい。おそらく「花水橋の近く」で落合は先頭に立ったのではないかと思われる。

いずれにせよ、慶大が遂に法大を逆転した。六区で首位を奪われた慶大だったが、七区ですぐにその座を奪回したことになる。

落合は以降もペースを落とすことなく、そのまま首位で平塚市第一国民学校前の中継所へと入った。激しい先頭争いを制したのは落合だった。心身の刻苦により獲得した強靱なスタミナは、最後まで切れなかった。

落合の個人記録は一時間一八分一八秒。区間一位の好記録だった。見事な「二人抜き」である。

慶大から三八秒遅れて中継所に姿を現したのは、法大の山崎であった。記録は区間七位の一時間二〇分二五秒。順位を一つ落とした形である。「花水橋の近く」で慶大に抜かれ、平塚市第一国民学校前で三八秒の差が付いているということは、終盤にかなり失速したと考えられる。

その山崎から三四秒後、三位でタスキを繋いだのは日大の山手だった。山手の記録は一時間二〇分一六秒。区間六位であった。

戦後に箱根駅伝復活の立役者となる立大の高橋は、一時間二九分二三秒で区間九位の成績だった。立大の順位は七位のままであった。

八位には専大が入った。柴崎は区間二位のタイムで走り、順位を九位から一つ上げた。

上位陣を改めて整理すると、七区を終えて一位・慶大、二位・法大、三位・日大という順位である。四位には東京文理科大学が入ったが、三位の日大から七分近くも離されており、挽回は些か難しい状況となっていた。

優勝争いは上位三校に絞られつつあった。

山手学のその後

兄の修が評するに「活発」「積極的」だったという日本大学の山手学は、区間六位という成績に終わった。個人記録としては、不満の残る結果だったであろう。

そんな彼のその後について、触れておかねばならない。

専門部政治科の学生だった山手は、友人たちと共に学徒出陣。新兵としての教育を受けた後、彼は航空機の搭乗員になったと言われている。

しかし、敢えて早々に結論から記すことになるが、彼はこの戦争でその命を散らした。彼の戦後の人生を綴ることはできない。

残念ながら、詳しい兵籍などはわかっていない。ただし、少ないながらも存在する幾つかの文献には「特攻で亡くなった」という趣旨の内容が記されている。

ところが、この話はやや蜃気楼めいている。靖國偕行文庫所蔵の『特別攻撃隊全史』の戦没者名簿を確認してみたが、そこに山手学という名前は存在しなかった。この名簿は陸海軍の特攻により亡くなった御霊の名前を公的な記録に基づきながら広範に網羅したもので、「最も記載漏れが少ない」とされる一級史料である。ここに名前がないのであれば、山手が特攻で亡くなったとは考えにくい。

学徒出陣から航空機の搭乗員になったとすれば、海軍飛行専修予備学生か陸軍特別操縦見習士官に進んだと考えられる。そこで「海軍飛行専修予備学生戦没者名簿」並びに「陸軍特別操縦見習士官戦没者名簿」を照査したが、そこにも彼の名前はなかった。

日大の広報部大学史編纂課（現・企画広報部広報課）の小松修さんに話を聞いた。

「大学内の資料を改めて調べてみましたが、記録上は『戦死』とあるだけで、『特攻』という記述は確認できませんでした。あとは、山手さんが軍に入った日付として『昭和十九年四月』という記載がありましたが、それ以上の情報はこちらとしても把握できておりません」

念のため、戦没したか否かにかかわらず、すべての在籍者の名前を網羅した海軍飛行専修予備学生対象の『第十三期予備士官名簿』及び『海軍飛行専修予備学生第十四期会員名簿』にも目を通したが、それも徒労に終わった。「第十三期」と「第十四期」に絞ったのは、山手が箱根駅伝の行われた昭和一八年一月には間違いなく大学生であったという紛れもない事実と、軍に入った日付が「昭和十九年四月」であったという情報からの類推による。

さらに、陸軍特別操縦見習士官対象の『特操一期生会名簿』『特操二期生会名簿』なども調べたが、彼の姓名は見つけられなかった。こうなると、特攻隊員どころか、本当に航空機の搭乗員だったのかという疑問まで湧いてくることになる。

すなわち、信憑性の高い一次史料からは、山手が「特攻死」したことも、「航空機の搭乗員」であったことも、証明はできないという結論になる。

とりわけ特攻にまつわる話は、二次史料になる過程で話が変化、膨張する事例が多くある。また、伝聞という行為の中で「戦死」がいつしか「特攻死」に変貌するケースも珍しくない。山手の場合も、そのような例に当てはまる可能性がある。

さらに、戦没地に関しても、沖縄という説もあればフィリピンという説も存在する。日大陸上競技部には「特攻で亡くなった先輩たちの中には、飛行服の下に部のユニフォームを着て出撃した方もいた」という話が伝わるが、それが山手のことを指しているのかどうかも確言は難しい。

結局、今回の取材の成果は、現行の「山手は特攻死した」という定説に対する疑念の提示に留まる。

ただし、山手があの戦争で命を落としたこと自体は、疑いようのない事実である。

考えてみれば、日大の六区を走った成田静司が編入された先は、「八洲隊」という特攻隊であった。「戦時下の箱根駅伝」で六区から七区へと伝統のピンクのタスキを繋いだ二人の若者は、大会後に学徒兵としてそれぞれの道を歩んだが、一人は生き残り、一人は戦死した。

戦後の成田が戦争について「口が重かった」のも、この山手の影響があったに違いない。山手の兄・修は生きて終戦を迎えたが、復員した彼を待っていたのは、弟の死という悲痛な現実であった。

修はテレビの取材に対し、こう述べている。

「(弟は) 箱根駅伝を走った。自分では悔いのない人生を送ったと思います。駅伝になると (弟が) どうしてもだぶってくるんです。Nのマークを観ますとね」

専修大学の栄光と苦悩

優勝争いが激しさを増す中、レースは終盤の八区へと突入している。

首位を走る慶應義塾大学の八区走者は伊達博。第一回の青梅駅伝に出場した経験を持つ選手である。しかし、その時は三区を走って一三人中区間一〇位という不本意な成績に終わっていた。背丈は高くなく、がっしりとした体躯で、馬力のある走りが特徴だったという。この伊達に関し、チームメイトだった児玉孝正さんはこう語る。

「元々は長距離専門の選手ではなかったと思います。メンバーを揃えるために、本来は他の競技をしていた彼を誘ったと記憶しています。ただ、彼の専門が何だったかは、ちょっと覚えておりませんが」

体格から類推すると、投擲系の選手だったのかもしれない。箱根駅伝を走るのは今大会が初めてであった。

そんな伊達を追うのは、法政大学の小池秀治である。小池も伊達と同じく箱根駅伝は初めての出場だった。青梅駅伝では第一回大会で最終八区を走り、区間九位という成績を残している。第二回の青梅大会にも出場しているが、こちらの記録は不明である。駅伝の経験はまずまず積んでいたと言っていいであろう。

三位を走るのは、日本大学の平松義昌である。平松も箱根駅伝は初出場。さらに青梅駅伝にも出走の経験がなかった。彼にとって初の大学駅伝であったと思われる。

優勝争いはこの三人によって繰り広げられることになった。

拮抗する上位陣の熾烈な争いの一方、後方で敢然とピッチを上げていたのが専修大学の金嶋達洙だった。

平塚市第一国民学校前の中継所を八位でスタートした金嶋は、専大ファンが多く集まる平塚市内を飛ぶように走り抜け、区間賞のペースで前を追っていた。往路の五区で「ブレーキ」に見舞われた結果、復路スタートは九位と大幅に出遅れた専大であったが、六区の佐藤忠司が区間賞、七区の柴崎雄二郎も区間二位でまとめるなど、復路は好調だった。五区での失速は想定外だったにせよ、元より復路に実力のある選手を集めた布陣を敷き、後半に追い上げていく戦略を採っていたようにも見える。

専大の陸上競技部が初めて箱根駅伝に出場したのは、昭和九（一九三四）年に開催された第一五回大会である。その時は出場一三校中一〇位という記録に終わったが、翌年の第一六回大会では六位と健闘。そして、迎えた昭和一四（一九三九）年の第二〇回大会では、出場六度目にして早くも初優勝という快挙を成し遂げていた。

このような急成長は、多くの実力校がしのぎを削る中で、目覚ましい躍進だったと言える。専大は箱根駅伝に新風を吹き込んだのだった。

そんな「新興勢力」である専大が、復路での巻き返しを狙っていた。実力から言っても、このような下位に沈む学校ではない。しかし、すでに前との差が大きく開いていたため、思うように順位を上げるのは難しかった。

それでも金嶋は、諦めることなく力の限りを尽くした。

三強の争い

今回の取材にあたり、私はかつて「戦時下の箱根駅伝」で選手たちが走り抜けた道程を、なるべく実際に自分の足で歩いてみた。踏査しなければわからない史実の欠片が、少なからずあると思ったからである。

平塚側から馬入橋を渡ってすぐの路傍に、朽ちかけた道祖神がひっそりと佇んでいた。積年の風雪に削られて全体的に丸みを帯びている様子から、かなり古いもののように見える。建立時期の刻印はない。

形としては男女の神様である猿田彦神と天宇受売《アメノウズメノ》命《ミコト》が一対となって並んでいる様式のものである。天孫降臨の際に道案内をしたのが猿田彦神、それに随伴したのが天宇受売命である。

古来、東海道にはこうした道祖神が多く祀られ、

昭和18年当時の8区の様子

旅人たちの往来を優しく見守った。現在の箱根駅伝ではコースから外れているが、戦前戦中のランナーたちはこの道を駆け抜けて行った。この古寂びた石像は、そんな若者たちの横顔を見つめ続けてきたのである。

昭和一八（一九四三）年一月六日、最初にこの道祖神の眼に映った走者は、慶應義塾大学の伊達博であった。

「本来は長距離が専門ではない」とされる伊達だが、彼は終始にわたって安定した走りを見せた。現在とは異なり、当時の八区は距離も長く、スタミナの消耗が激しい区間だったが、伊達は失速することなく自分のペースを貫いた。区間一〇位に終わった二年前の青梅駅伝の時とは、まるで別人の好走であった。

伊達は首位の座を維持したまま戸塚の中継所へと姿を現し、「青・赤・青」のタスキを九区の高島陽《のぼる》へと手渡した。伊達の個人記録は一時間二一分一三秒で区間三位。重圧のかかる局面だったが、その責任を十二分に果たしたと言えよう。

慶大のタスキリレーから遅れること五六秒、戸塚中継所で二番目にタスキを繋いだのは日本大学だった。平塚中継所を三位でスタートした日大の平松義昌は、駅伝初挑戦とは思えない伸び伸びとした走りで、法政大学の小池秀治を追走。レース終盤の戸塚に入った辺りで小池を抜き去り、順位を一つ押し上げた。平松の個人記録は、区間二位の一時間二〇分五七秒である。

法大の小池は、平松から一九秒遅れの三位でタスキをリレーした。平松にかわされて順位を落とした小池だったが、個人記録は一時間二一分五〇秒で区間四位。決して悪くない成績だった。しかしながら、六区でトップだった法大はその後、じりじりと下降線を辿っていた。

優勝争いは慶大、日大、法大という順位で、なお三つ巴の様相が続いていた。

区間賞を獲得したのは、専修大学の金嶋達洙である。記録は一時間一九分二八秒。一人だけ一時間二〇分を切る好記録だった。だが、この金嶋の好走をもってしても、専大の総合順位は八位のままだった。

ちなみに、当時は大会出場に関する予選会はまだ存在しないので、現在のような「シード権争い」はなかった。予選会が始まったのは、戦後の「復活大会」以降である。さらに、現在のような「繰り上げスタート」もまだ実施されていなかった。

経済評論家・高島陽の過去

かつて高島陽という経済評論家が活躍していたのをご記憶の方もいるであろう。主に昭和四〇年代から五〇年代にかけて、株式投資や資産運用に関する著作を数多く発表。「マネーメイキングの神様」「高島教の教祖」などと称された。

そんな高島が「戦時下の箱根駅伝」を走っていたという事実は、あまり知られていない。

高島は大正一二（一九二三）年、中国の上海で生まれた。父親の仕事は不明だが、一家はアジア各地を転々として暮らした。小学校時代をフィリピンのマニラで過ごした高島は、中学時代には満洲国の首都・新京にいた。

その後、日本に帰国し、麻布中学（現・麻布高等学校）に入学。卒業後、慶應義塾大学の予科に進み、競走部の門を叩いた。

当時、慶應義塾の普通部の学生だった山中克巳さんは、慶大の競走部と一緒に練習をしていたが、高島についてはこう語る。

「背が高くて、ひょろひょろっとした体格の人でした。麻布中学の出身ですから、それまで運動なんかあまりやっていなかったんじゃないですかね。『どうして競走部に入ったのかな』と感じたのを覚えています」

山中さんが続ける。

「高島さんは予科の学生だったのですが、普通部の僕らにも負けちゃう。それでも練習を頑張って、とうとう箱根駅伝に出られるまでになったという人です。まさに努力の人ですね」

高島のチームメイトで、往路の四区を走った児玉孝正さんの回想も、山中さんの述懐と共通する部分が多い。

「体格は長身でしたね。性格はとにかく粘り強い。忍耐強いと言いますか。入部したての頃は遅かったのですが、すごく真面目に練習するので、次第に良い結果が出るようになったんです」

そんな高島が、レース終盤の九区を任されていた。

トップでタスキを受け取った高島は、序盤から軽快に飛ばした。長身を活かした「ストライド走法」が高島の持ち味だった。高島はそれまで箱根駅伝はもちろん、青梅駅伝にも出場経験がなかった。主要な駅伝大会を走るのは、この時が初めてだった。

経済評論家として数多くの著作を残している高島だが、箱根駅伝についてはあまり触れられていない。それでも、次のように書かれた一節がある。

〈私は学生時代、長距離をやっていた。箱根駅伝の第九区（戸塚—鶴見間）を走ったこともある。監督は竹中正一郎さんだった。竹中さんは部員たちに、走るテクニックというのをほとんど教えなかった。
「自分のからだに合った走り方をしろ」とだけしかいわない〉（『この手でゆこう　男性のための必勝成功法』東都書房）

長身を活かした高島の「ストライド走法」も、まさに竹中の指導が生んだ賜物だったと言えよう。

しかし、順調に九区を走る高島を不運が襲った。例の戸塚の「開かずの踏切」である。この大会でも、前日に往路二区の日本大学・山田久一がこの踏切で足止めを食らったことは前述した。

だが、高島の場合、少し状況が異なったようである。高島の著作には、次のように書かれている。

〈私は第八区の走者からトップで襷を受け取ったが、あの時も、戸塚の踏切は例によって遮断機が降りていた。そこで、踏切をくぐって私だけさっさと渡って行ったが、監督やコーチの乗っているサイドカーが保土ヶ谷に入っても追いついてくれないので実に心細かった。「連

中、踏切で待たされているな」と思いながら随分長い間、一人で走った〉（同書）

高島はこうも記している。

〈箱根駅伝の時は、選手だけは、遮断機をくぐってもよいことになっていた〉

他の記録や証言とは必ずしも一致しないが、列車の接近する具合によっては、高島のような事例もあったのかもしれない。

ともかく、高島はこうして走り続け、順位を落とすような事態には至らなかったのである。

三つ巴のデッドヒート

首位を行く慶應義塾大学の高島陽を追うのは、日本大学の横田文隆である。横田も高島と同様、箱根も青梅も走った経験がなく、このレースが初めての晴れ舞台であった。

三位を走る法政大学の走者は藤田栄。藤田も初の大学駅伝だった。藤田は序盤からペースを上げ、前を走る二人を猛然と追走した。

すなわち、この大会が駅伝デビューという三人による首位争いとなった。このような選手起用となったのは、当時の九区が相対的に距離も短く、さほど重要視されていなかったことが原因であろう。異例の長丁場で競われる箱根駅伝では、九区に入った時点でレースの大勢がすでに決している展開も珍しくない。

しかし、この戦時下の大会では、勝敗の行方は九区までもつれた。駅伝初挑戦の三人にとっては、重圧も膨らんだに違いない。

また、三つ巴の戦いとなると、心理戦も含めたレース戦略がより重要となる。指示を与えるコーチを含め、チームとしての「駆け引き」の巧拙が勝敗を大きく左右する。責任感だけでなく、適確な判断力が求められる。

「未知の世界」を行く三人の中で、最初に仕掛けたのは三位を走る法大・藤田であった。「追う者から仕掛ける」のは、勝負の世界の鉄則である。重要なのは「時宜《じぎ》に適っているかどうか」ということになる。

序盤から快調に飛ばした藤田はさらにギアを上げ、スタートから一〇分ほどで、二位を走る日大・横田に追い付いた。だが、追い付かれた横田もよく我慢し、二人はそのまま並走する形となった。

ここから、この二人による火花を散らすデッドヒートがしばらく続くことになる。

二人の間に距離が生じたのは、難所の権太坂を過ぎた保土ヶ谷の辺りだった。追い付かれた方の日大・横田が一気に加速し、並走する藤田を突き放したのである。横田はみるみるうちに、三〇〇メートルほどの差を付けた。

だが、藤田も負けていない。一度は離された藤田だが、そこからよく粘って再び横田との差を詰めた。そして、横浜の辺りで横田に改めて並ぶと、今度はそのまま逆転。法大の藤田が、日大の横田の前に出た。一度は並走から離された藤田だったが、そこからの逆襲には底力を感じさせる。力を温存していた部分もあったのかもしれない。

とにかく、これで法大は日大を抜き、二位へと浮上した。藤田の仕掛けた「時宜」は間違っていなかった。

「H」の文字を胸に、藤田がさらなる高みを目指す。無言の圧力がかかる場面だったが、藤田に萎縮するところはなかった。

次なる標的は、トップを走る慶大の高島である。波に乗る藤田は、力強いフォームで激しく高島を追走。その差を着実に縮めた。

やがて、藤田の視界に長身の高島の背中が入った。その背中は、次第に大きくなってくる。

猛追する藤田に迷いはなかった。ここが山場と踏んだのであろう、藤田が一気に勝負を賭ける。

一方、追い付かれた高島には、襲いかかる強靱な相手を迎え撃つだけの余力はもはや残されていなかった。

藤田は高島を敢然と抜き去った。

初優勝を目指す「伏兵」法大は、こうして遂に首位を奪取。藤田の鮮やかな「二人抜き」による終盤九区での逆転劇であった。

初優勝を目指す法大の士気は、いよいよ高まった。一進一退の攻防の末、初めての栄冠が少しずつ現実のものとして近付いていた。

その一方、藤田に抜かれた慶大の高島も、これ以上は引き離されまいと必死に力走。二人の差は大きくは開かなかった。

鶴見中継所には、黒山の人だかりができていた。中継所に最初に入ってきたのは、法大の藤田だった。選手の到着を今か今かと待ちわびていた観衆たちにとっては、少し意外だったかもしれない。ここまで九人のランナーが懸命に繋いできた橙色のタスキが、一〇区のアンカー・浜田嘉一へと託された。

それからわずか四秒後、二位で慶大がタスキを繋いだ。首位の座は奪われたものの、逆転優勝を充分に狙える好位置だった。抜かれた後の高島の粘りは、称賛に値するものだった。

三位は日大である。一位の法大とのタイム差は、二分四秒だった。優勝圏内とは言え、少し離された感もあり、優勝候補の本命としてはやや苦しい展開であった。日大の優勝に黄色信号が灯っていた。

この時の日大のタスキリレーを写した写真が残っている。九区の横田が、一〇区走者の永野常平にタスキを手渡す瞬間を切り取った一枚である。横田が左手で差し伸べたタスキを、半身になった永野が右手で受け取ろうとしている。眼鏡をかけた永野は、額にハチマキを巻いている。

その顔に一切の諦観はない。

二分四秒差、彼はまだ諦めていなかった。

その後ろの四位は東京文理科大学だったが、三位の日大からすでに一〇分以上もの差が付いていた。

すなわち、優勝の可能性は、完全に三校に絞られたことになる。

最終一〇区の激戦

レースは法政大学、慶應義塾大学、日本大学という三校による優勝争いとなった。熱戦はアンカー勝負に持ち込まれた。

「アンカー」とは「錨《いかり》」の意味である。この言葉は、元々は綱引き競技で使用される用語だった。「綱を引く最後尾に最も体重の重い選手を錨のように置く」という意味で、最後尾の選手を「アンカー」と呼んだのである。それが陸上競技に転じ、最終走者が「アンカー」と呼称されるようになった。

近年のレースでもそうだが、箱根駅伝の優勝争いがアンカー勝負にまでもつれるという展開は意外と少ない。

しかし、戦時下で挙行されたこの箱根駅伝を司る勝利の女神は、よほど劇的な演出が好みのようだった。

繰り返しになるが、鶴見中継所をトップでスタートしたのは、法大の浜田嘉一である。浜田にとって箱根駅伝は二度目の出場。第二一回大会で七区を走り、区間七位の成績を残している。また、二度の青梅駅伝にもそれぞれ出場するなど、経験の豊富な選手であった。

浜田は戦後、同部の記念誌に寄せた文章の中で、往時の思い出をこう綴っている。

〈昭和14年12月（予科1年生）小田原で駅伝の合宿の際、禁煙禁酒で見つかれば罰金、悪友3人（石黒、山崎、私）毎夜その頃は「カフェ」へ行き禁を破って居りました〉（『法政陸上60年』法政大学陸上競技部）

浜田の部内でのニックネームは「はまちゃん」。悪友の「石黒」とは三区を走った石黒信男、「山崎」は七区の山崎英丸を指していると思われる。

浜田は小田原での合宿中、撞球場（ビリヤード場）にもよく遊びに行ったという。どちらかと言うと「やんちゃ」な性格だったと推察できるが、微笑ましい青春の一場面である。

そんな浜田が最終一〇区の先頭を走っている。鮮やかな橙色に染め上げられたタスキが、心地よさそうに先陣を切っていた。

一方、この浜田をわずか四秒差で追う慶大の荘田《しょうだ》恒雄は、チームの主将である。荘田は本来、中距離が専門の選手で、当時の学生中距離界における屈指の名ランナーとしてその名を轟かせていた。

そんな荘田は長距離にも高度な適性を見せた。荘田は箱根駅伝を走るのは初めてだったが、青梅駅伝には二度とも出場。駅伝の経験は充分に積んでいた。

そんな荘田が力強く大地を蹴り、法大の浜田に肉迫する。

荘田はスタートから程なくして浜田に追い付いた。悲願の初優勝を目指す法大の浜田だが、四秒という僅差ならば序盤はあまり無理をせず、むしろ並走する形にしても良いと慎重に判断したのかもしれない。もしくは、伴走者からそのような指示が与えられたとも考えられる。

その後、二人は互いに牽制し合う形となった。

二人の意地が激しくぶつかり合う先頭争いが、しばらく続いていくのである。

平井文夫の挑戦

そんな熾烈な優勝争いから一旦、後方に目を転じてみよう。

中央大学の一〇区を走るのは、平井文夫である。戦後、「西内」と改姓、「西内文夫」と聞けば懐かしく感じる箱根駅伝ファンも多いであろう。中大陸上競技部の監督として、箱根駅伝を八度も制覇。「名将」の名をほしいままにした人物である。

そんな後の名将が、「戦時下の箱根駅伝」にいた。

大正一一（一九二二）年、平井は瀬戸内海北部の水島灘に浮かぶ広島という島で生まれた。

丸亀商業（現・香川県立丸亀城西高等学校）への進学を機に島を出た平井は、丸亀市内で暮らし始めた。

そんな平井が夢中になったのが陸上競技だった。一一月から四月までの冬期練習の期間中は、自宅と金刀比羅宮の間を二時間かけて往復してから登校。授業を受けた後、陸上競技部の通常の練習に参加し、さらに夜にも個人練習を重ねた。平井は、部の監督である河合定義の「人に勝つにはその人以上のトレーニングを積まなければ絶対に勝てない」という言葉を胸に、血尿が出るまで自分を追い込んだ。天性の「負けず嫌い」だった。

そんな寸暇を惜しんだ走り込みは、平井に豊かな実りをもたらした。昭和一五（一九四〇）年に開催された第二六回全国中等学校陸上競技対校選手権大会（インターミドル）に参加した平井は、八〇〇メートルと一五〇〇メートルで優勝。見事、最優秀選手に選出された。

また、同年の全国中等学校駅伝競走（現・全国高等学校駅伝競走大会）にも、丸亀商業の一員として出場。平井はアンカーの六区で区間賞を獲得し、チームを全国優勝へと導いた。

いつしか平井は、将来を嘱望される全国的な有名選手になっていた。昭和一五（一九四〇）年に刊行された月刊『陸上競技』（十月号）には「新鋭選手は語る」という特集記事が組まれているが、その中に平井が寄せた文章も掲載されている。そこには当時の練習方法や

大会の結果などについて書かれているが、その末尾は、

〈私は一体何を中心に又専門に行ったら良いでしょう〉

という青年らしい素朴な言葉で締め括られている。長距離一本とはまだ考えていなかった様子が窺える。

そんな平井のもとには、多くの大学から勧誘がきた。中でも熱心だったのが早稲田大学と日本大学、そして中央大学だった。平井はこの三校の中から、最も熱意を持って誘ってくれた学校を選んだ。平井は「赤」のタスキを掛けることに決めた。

平井は一年生ながら、第二回の青梅駅伝に出場。六区を走り、区間三位という好記録を残した。

そんな平井が、初めての箱根駅伝に挑んでいる。

五位でタスキを受け取った平井は、序盤からリズム良く飛ばした。胸には中大伝統の「C」の文字が誇らしげに躍る。もはや優勝には手の届かないレース展開だったが、平井は一つでも順位を上げようと入魂の走りを見せた。レース中、平井はこんな覚悟を持って走っていた

という。

（これが終わったら、陸上競技なんか二度とやれない。これが最後だ）

平井は、

（戦争に行ったら生きて戻ることなどできない）

と己の生涯を冷静に見定めていたという。

平井は悲壮なる決意を持って、一〇区のコースに臨んでいた。

靖國神社への疾走

勝敗の行方は、アンカー勝負に持ち込まれている。

法政大学の浜田嘉一と、慶應義塾大学の荘田恒雄は、並走しながら冷静に勝負のタイミングを読んでいた。自分のリズムを維持しながら、互いに相手の隙を窺う。慶大の補欠選手としてサイドカーに同乗していた小森宮正悳は、荘田の走りについてこう振り返る。

〈中距離を得意とした彼は、何回かスパートを試みたが、浜田選手も執拗に食い下がり離れない〉（『慶応義塾体育会競走部史』）

そんな息を呑むような緊迫した展開が続いたが、二人が六郷橋を渡った時、それまで保たれてきた天秤の均衡がとうとう崩れた。

前に出たのは、慶大の荘田だった。

『箱根駅伝70年史』には、荘田の走りについて次のような記述がある。

〈六郷橋を渡って一気に抜き去り、こんどは長丁場に備えて走法をかえ黙々と走る〉

だが、逆転を許した浜田もそこから粘り、荘田の後ろをしっかり追走した。

一方、中継所で首位の法大から二分四秒遅れの三位でタスキを受け取った日本大学のアンカー・永野常平は、前を走る二人が激しく競り合う中、彼らとの距離を着実に詰めていた。

永野には準一郎という名の兄がいた。この兄もかつて日大の陸上競技部に所属し、箱根駅伝を走っていた。準一郎は昭和一三（一九三八）年の第一九回大会で六区を走り区間賞。日大四連覇の立役者となった。さらに、昭和一五（一九四〇）年に行われた第二一回大会では、二区を準一郎、九区を弟の常平が走るという選手起用が実現。区間の裏表を兄弟が任されるという珍しい光景だった。

この時、準一郎は区間三位、常平は区間賞を獲得し、兄弟揃って日大の五度目の優勝に大きく貢献した。

しかし、この大会の後、準一郎は体調を大きく崩した。それは、陸上競技を断念しなければならないほどの重い病であった。この病名については現在、親族の方も把握できていないという。

この発病は準一郎にとって大きな衝撃だったに違いないが、彼はその後、部のマネージャーとなって常平ら部員たちを陰から支えた。

その後、準一郎は日大を卒業したが、昭和一七（一九四二）年四月一五日、逝去。兄の死を前にして、常平の哀惜と悲嘆はいかばかりだったであろうか。

そんな兄との別れを契機として、常平はさらなる練習に励むようになった。

眼鏡をかけた永野常平が、前を行く二人を追い上げる。長身の永野は、歩幅も広い。俗に言う「ストライド走法」である。

彼にとって中継所での二分程度の差は、充分に射程圏内だったのかもしれない。

先行する二人の背中が次第に見えてくる。仲間たちの汗が染み込んだピンクのタスキが、永野を前へ前へと走らせる。

そんな永野の脇を自転車で伴走していたのは、前日に五区を走った駅伝主将の杉山繁雄であった。六区の山下りでも杉山が伴走していたという記録が残っているが、この日の彼の細かな足跡は不明である。日大もサイドカーを使用していたと思われるため、途中で伴走役を交代しながら一〇区まで来た可能性もある。

ペダルを漕ぐ杉山の声に力が入る。

「お前、どこで抜く？」

永野の答えは明快だった。

「八ッ山で抜く！」

「よしっ！」

その言葉通り、永野は八ッ山橋で二人との距離を一気に狭めた。荘田と浜田の差はほとんどなかったが、その二人のすぐ背後に永野が接近。追う永野に臆するところは微塵もなかった。

こうして、遂にレースは最終局面で三校が一つの集団を形成するという熾烈な展開へと持ち込まれたのである。三人それぞれの責任感が、各々の限界を先に延ばした結果であろう。

そんな中で自ら仕掛けたのは、二人に追い付いて勢いに乗ずる日大の永野だった。永野が一挙に二人の攻略にかかる。それは、執念を感じさせるような攻撃的な走りだった。ここまでデッドヒートを繰り広げてきた荘田と浜田には、それ以上、抵抗するだけの余力は残っていなかった。

一方、永野の心身に綻びはない。

勝敗の分岐点となる重要な瞬間に、永野が思い切りよく標的を射抜く。標的は二つ。永野は一度に二人まとめて抜き去り、とうとう日大を首位へと押し上げた。場所は八ッ山橋を越えた品川駅の駅前辺りである。

あまりに劇画的な、最終一〇区での「二人抜き」による大逆転だった。

品川駅前を過ぎた永野はなおもペースを緩めることなく、札の辻の交差点を左折。桜田通りへと入った。

三田の辺りには、五〇〇人ほどの慶大の応援団が集まっていた。キャンパスのある三田は、慶大のまさに「お膝元」だった。トップを行く日大・永野に自転車で伴走していた杉山は、この時の様子を後にこう書いている。

〈そして目を驚かせたのは、品川駅を過ぎ三田から日比谷通りに入った時、五百人ほどの慶応ボーイの応援軍団だった。しかし、すでにそこでトップを走っていたのは日大、永野選手だったので目を疑ったと思う〉（「絆（きずな）・やまがた」第14号）

「日比谷通り」とあるのは間違いで、実際には「桜田通り」である。杉山はこの慶大の応援団についてこう推測する。

〈多分前日の状況からして慶応大優勝の予想は三田の本部にも伝わっていただろう。だからこそ五百人ほどの応援軍団も動員したのでは…。〉（同紙）

慶大応援団の目に最初に飛び込んできたのは、日大の「N」の文字であった。

その後も、永野のスピードは落ちなかった。永野が最後の力を振り絞ってゴールの靖國神社へと向かう。

前にはもう誰もいない。眼鏡越しの視界には、誰の背中も映らない。一歩一歩、着実に歩みを刻んでいくだけだ。

後ろを走る慶大との差は、さらに開いていった。『日本大学新聞』（昭和十八年一月十日付）は、この時の様子を興奮気味にこう伝える。

〈永野選手と慶の荘田選手は離れて行く、赤羽橋、飯倉、虎の門を過ぎ三宅坂にかかる頃早くも五百米離れた、力走する永野選手も泣いている、途中声援を送る先輩も選手も校友も頬を濡しつつ靖国の鳥居目指してまっしぐら〉

なぜ、日本で駅伝が生まれ、かくも発展したのであろう。日本発祥の駅伝という競技は、欧米社会には根付かなかった。欧米人が好むのは、あくまでもマラソンである。

そこには「個」を重視する欧米人と、「和」を大切にする日本人との民族性の違いがあるのではないか。個人の成功のみ求めるよりも、属する集団のために汗を流すことを美徳と感ずる日本人独特の精神文化が、駅伝という競技を生み、そして育てたように思われる。

タスキとは、そんな「和」の心の象徴である。

九段の地に先頭で戻ってきたのは、日大のピンクのタスキだった。

この時に撮られた写真から類推すると、内堀通りを北上してきた永野は九段坂上の交差点を右折、九段坂を下ってゴール地点を目指した。ゴールテープが用意されていたのは、スタートラインと同じ大鳥居と偕行社の間の公道である。

涙が汗と混じる。不屈の快走で大逆転劇を演じた永野は、田安門の交差点を左折、泣きじゃくりながらゴールテープを切ったという。

こうして、戦時下における箱根駅伝の決着は付いた。

日大の六区を走った成田静司の日記には、次のように綴られている。

〈遂に永野氏トップに出て九段へ入ったのはピンク、ピンクだ日大だ。熱戦の末遂に勝った〉

激戦を制したばかりの永野は、両肩を抱きかかえられないと歩けないような状態だった。

日大の復路記録は六時間四六分三七秒、総合記録は一三時間四五分五秒である。

日大、六度目の箱根制覇であった。

響き渡る校歌

大会史上、最終一〇区での逆転優勝というのは、第一回、第五回、第一三回に続く四度目

優勝の瞬間

ゴール直前の様子。向かって左から山手学、永野常平、森本一徳

の快挙であった。箱根駅伝の全九九回（令和五年時点）の歴史の中でも、九度しか起きていない珍しい後継である。

そんな稀な接戦を制した日本大学陸上競技部の部員や関係者たちは、走り終えたばかりの永野常平を囲んで喜びを分かち合った。

その時の光景を写した貴重なモノクロ写真が残っている。写真の中央にはユニフォーム姿の永野が姿勢良く立っているが、頭部は下を向いており、男泣きしているように見える。右肩にはしっかりとタスキが掛けられている。

向かって左隣には、最後まで自転車で伴走した駅伝主将の杉山繁雄が立っている。胸元には国民服儀礼章のようなものも見えるが、写真の解像度の関係で断言は難しい。国民服儀礼章とは、国民

喜びを分かち合う日大陸上競技部

服を礼服として着用する際に使用される飾り紐のことである。

　さらにその左側には、七区を走った山手学が写っている。杉山とは違い、山手は学生服を着ている。走り終えた戸塚でユニフォームから着替え、靖國神社まで移動してきたのであろうか。山手が後に戦死したことは、前述した通りである。

　彼らは万感の思いで校歌を斉唱した。

日に日に新たに　文化の華の
栄ゆく世界の　曠野の上に
朝日と輝く　国の名負いて
巍然と立ちたる　大学日本
八紘一宇の　旗標のもとに
集まる学徒の　使命は重し
いざ讃えん　大学日本
いざ歌わん　われらが理想

読売新聞本社前の箱根駅伝歴代優勝校の碑

これは大学の創立以来、三代目となる校歌であった。昭和四（一九二九）年五月に、この校歌は生まれた。

しかし、元々の歌詞は実は違う。自然主義派の詩人・相馬御風《ぎょふう》が書いた正しい歌詞は、「八紘一宇」の部分が「正義と自由」となっている。それが、昭和一五（一九四〇）年七月一二日から、「八紘一宇」に代えられたのだった。

日大に続いてゴールしたのは、慶應義塾大学の荘田恒雄だった。日大のゴールから二分四六秒後のことであった。

三位に入ったのは法政大学である。鶴見中継所までトップを守った法大だったが、初優勝の夢は最終一〇区で潰えた。

「はまちゃん」こと浜田嘉一は渾身の力走を見せたが、品川駅前にて力尽きた。

四位には中央大学が入った。平井文夫は一時間二五分二一秒という素晴らしい記録で、見事に区間賞を獲得。丸亀商業時代から全国的に名を馳せた名ランナーが実力を出し切り、その真価を示してみせた。

以下、五位・東京文理科大学、六位・立教大学、七位・早稲田大学、八位・専修大学と続いた。

総合八位に終わった専大だが、復路の記録は一位だった。六区・佐藤忠司、八区・金嶋達洙が区間賞を獲得するなど、復路メンバー全員が区間三位以内に入るという奮闘ぶりであった。

三上晃の生涯

九位には東京農業大学、一〇位には拓殖大学が入った。

拓大のアンカーを務めた三上晃は、広島県可部町の出身。実家は農家だった。

地元の修道中学（現・修道高等学校）在学中から陸上を始め、卒業後に上京して拓大に進学。三上の長男である清さんは、すでに鬼籍に入った父親をこう懐古する。

「父は『当時は今のように靴が良くないから走るのが大変だった』というような話をしていました。『足袋を履いて走っていた』とも言っていましたね。それから『最後はフラフラになってゴールした』という話も聞いたことがあります」

次男の忍さんは次のように語る。

「父は本来は短距離の選手だったんですよ。ところが、長距離の選手が足りなくて、『駅伝に引っ張り出された』と。『一〇区を任されたが、最後は歩いた』とも話していました」

三上は「戦時下の箱根駅伝」の後、陸軍に入隊。輜重兵《しちょうへい》として、中支那（華中）の戦線を転戦した。輜重兵とは兵站業務を担当する兵士のことで、武器弾薬や食糧を前線に輸送するのが主な軍務である。

戦争を遂行する上で補給は極めて重要な要素だが、日本陸軍では「輜重輸卒が兵隊ならば、蝶々トンボも鳥のうち」などと軽視される傾向があった。三上もそんな輜重兵生活の中で、肩身の狭い思いをしたこともあったかもしれない。

その後、三上は陸軍少尉となったが、そこで終戦。

中支那から無事に復員した三上は、地元の定時制高校で英語の教諭として教壇に立った。昼間は実家の農作業を手伝い、夕方になると学校に向かう生活だった。親戚から農耕馬を手に入れ、それに乗って高校まで通ったという逸話も残っている。輜重兵部隊には軍馬が不可欠だが、そんな戦時中の経験もあってのことであろう。

その後も三上は教育の分野に情熱を傾けた。時には生徒たちに陸上を教えたこともあったという。

最後は広島県立廿日市《はつかいち》養護学校（現・広島県立廿日市特別支援学校）の校長を務め、長きに及んだ教員生活を終えた。その功績が認められ、勲四等瑞宝章を受章している。

退職後は、主に「人間と植物の意思疎通」に関する独自の研究を重ね、多くの著作を発表。「植物の意思を読み取ることができる」という機器を開発、発表するなどして、各種メディアで話題をさらったこともあった。平成五（一九九三）年には、「植物には高度な知能がある」と主張した著作『植物は警告する』に「日本トンデモ本大賞」が贈られている。

次男の忍さんは、在りし日の父をこう振り返る。

「気性の激しいところもありましたが、実はすごく繊細で、とにかく純粋な人でした。毎年、箱根駅伝はテレビで必ず観ていましたよ。拓大の応援というよりも、箱根駅伝自体が好きだという感じでした。箱根駅伝には特別な思いがあったのだと思います」

美しき大会

一一番目に青山学院の内山利春がゴールし、「戦時下の箱根駅伝」は幕を閉じた。

この時の様子を、前日に青学の四区を走った鈴木勝三は、後にこう語っている。

〈第二日目ゴールで我が校の選手を待っていたがなかなか来ず、遂にちょうちんを下げた頃夕闇せまった東海道をトコトコゴールに向かって来たっけ、あの時は感激しちゃって目のやり場に困ったよ〉（『青山学院大学体育会陸上競技部90周年史』）

靖國神社でのゴールシーンについて、戦後に日本大学陸上競技部で長く指導にあたった水田信道さんに話を伺った。水田さんは、日大の六区を走った成田静司から次のような話を聞いたことがあるという。

「成田さんはこうおっしゃっていました。『どの大学の選手たちも、学校の別に関係なくみんなで泣き、抱き付いて喜んだ』と。おそらく、もう単純な勝ち負けということではなかったのでしょうね。『戦争へ行っても、箱根のことを忘れずに頑張ろう』と互いに励まし合ったそうです」

戦時下の大会ならではの連帯感がそこにはあった。

放送作家の鎌田みわ子さんは、成田に取材した時のことをこう話す。

「成田さんはあの大会を評して『すごく美しい大会だった』とおっしゃっていました。『あんなに美しい大会はなかった』と」

総合成績は、以下の通りである。

一位	日本大学	一三時間四五分〇五秒
二位	慶應義塾大学	一三時間四七分五一秒
三位	法政大学	一三時間五〇分五五秒
四位	中央大学	一三時間五四分四六秒
五位	東京文理科大学	一四時間一五分一一秒
六位	立教大学	一四時間三五分一二秒
七位	早稲田大学	一四時間三七分二四秒
八位	専修大学	一四時間四五分〇五秒
九位	東京農業大学	一五時間四五分四九秒
一〇位	拓殖大学	一六時間一六分五七秒
一一位	青山学院	一六時間四一分五九秒

優勝した日本大学だが、区間賞を取った選手は一人もいなかった。まさに総合力の勝利だったことがわかる。突出した選手がいなくても、全員が上位で安定した力を発揮すれば駅伝は勝てるという見本のようなレースだった。

現在の箱根駅伝では最優秀選手賞として「金栗四三杯」が設けられているが、当時はこのような賞は存在しなかった。平成一六（二〇〇四）年の第八〇回大会で創設されて以降、同杯は必ず区間賞を取った選手が受賞しているが、もしこの大会で選ぶとすれば、三区で「二人抜き」の慶大・狩野英常、あるいは五区で「三人抜き」の中大・末永包徳あたりであろうか。

一方、初出場の青学は最下位に終わった。日大と青学のタイム差は、実に三時間近くにも及んでいる。青学にとっては、苦いデビュー戦となった。

全体的に見ると、それまでの大会と比べて記録の低下は顕著であった。日大の一三時間四五分〇五秒という総合タイムは、三年前の第二一回大会で同校が優勝した時の記録、一三時間一二分二七秒より三〇分以上も遅い。

その主な要因としては、コースの変更により距離が延伸した点がまず第一に挙げられる。また、時局の影響から選手が不足し、充分なメンバーを揃えるのが難しかったことも、記録の低下に多大な影響を及ぼしたであろう。

大会直後に発行された『日本大学新聞』（昭和十八年一月十日付）には、次のように記されている。

〈その計画が昨夏以来の事で大会挙行の確定は十一月末であったため参加選手の訓練の課程も従って短時日であった、一区間約十三マイルの距離の訓練と一校十名の選手の養成と各受持区間のコースの研究とを一時に行わねばならなかった各校選手の苦辛の程が窺われた、それにも増して力の養成に最も重要な役割を持つ走路の沿道における合宿訓練さえ時局柄自粛して行わなかった事でもあり、あらゆる点において過去の駅伝とは比較にならぬ悪条件を克服しての大会であった〉

それでも、選手たちはひたむきに走った。全一一校、一一〇名の選手たちが、それぞれの役目を立派に果たした。その価値には一片の揺るぎもない。

優勝楯の贈呈

大会を制した日大には「優勝楯」が贈呈された。

基盤は金属製ではなく木製であるが、これも当時の時代性を反映していると言えよう。

表面にはフェルトの布地が貼られており、「靖国神社―箱根神社　関東学徒鍛錬継走大會」

の文字が縫い付けられている。

　中央には「優勝」の文字が配され、その下には「ＫＧＲＲ」というローマ字が記されている。日本大学陸上競技部コーチの堀込隆さんは言う。

「簡素な作りですけれど、当時としては精一杯のものだったのではないでしょうか」

「ＫＧＲＲ」とは「関東学生陸上競技連盟」のことを指している。これは「戦時下の箱根駅伝」の主催が、軍部や文部省ではなく関東学連であったという史実を証明するものである。

　戦後の日大を支えた名監督である水田信道さんは言う。

「この楯の他には、あの大会に関するものは何も残っていません。あの大会も本当に遠くなってしまいました。しかし、先人たちのさまざまな思いが詰まった楯ですから、今後も大切に保管していきたいと思っています」

日大に寄贈された「優勝楯」

参加章の発見

日本大学には「勝鬨《かちどき》」と染められた箱根駅伝の優勝旗も保管されている。これは昭和一三（一九三八）年の第一九回大会から使用されるようになった二代目の大会優勝旗で、戦国武将を想起させる「勝鬨」の文字が目を引く。その脇には「野間清治」の名前があるが、野間は講談社の創業者で、その後に報知新聞社を買収した人物である。

この優勝旗は、「昭和一五（一九四〇）年の第二一回大会で優勝した時に寄贈されたもの」「昭和一八年の大会では使用されていない」とこれまで見なされていた。しかし、今回の取材の過程において、「戦時下の箱根駅伝」の閉会後に撮られた写真の中に、この優勝旗が写っているのを確認することができた。この優勝旗は「戦時下の箱根駅伝」の際にも使われていたのである。

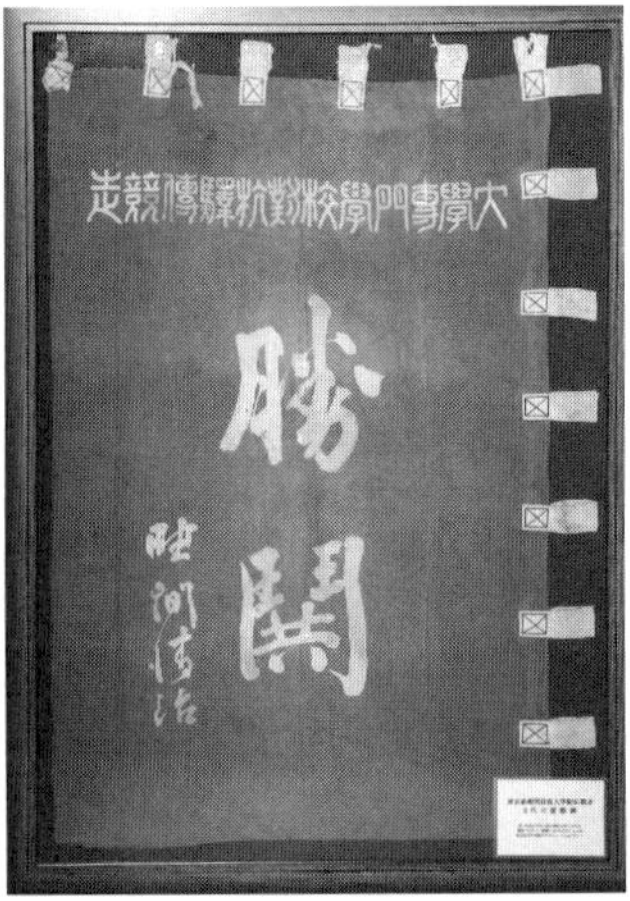

「勝鬨」と記された優勝旗

また、「参加章」という名の記章を見つけることもできた。これは日本大学の一〇区を走った永野常平のお孫さんが、多くの写真と共に日大の企画広報部に寄贈したものである。小さな木箱に入れられたこの記章は、大会の参加者に記念として配布されたものであろう。

　戦前戦中の大規模な陸上競技の大会では、このような記章が選手に贈られる慣習が根付いていた。物資の不足が深刻だった戦時下の大会においても、この文化は守られたことになる。

　記章の裏面には「主催　関東学生陸上競技連盟」の文字と共に「後援　大日本学徒体育振興会」と記されている。この大会における大日本学徒体育振興会の位置付けは長く不明とされてきたが、この記章の表記により「後援」という形であったことが明らかとなった。

　その下には「贈　読売新聞社」とある。

「戦時下の箱根駅伝」で優勝のゴールテープを切った永野の宝物が、眼前で輝いていた。

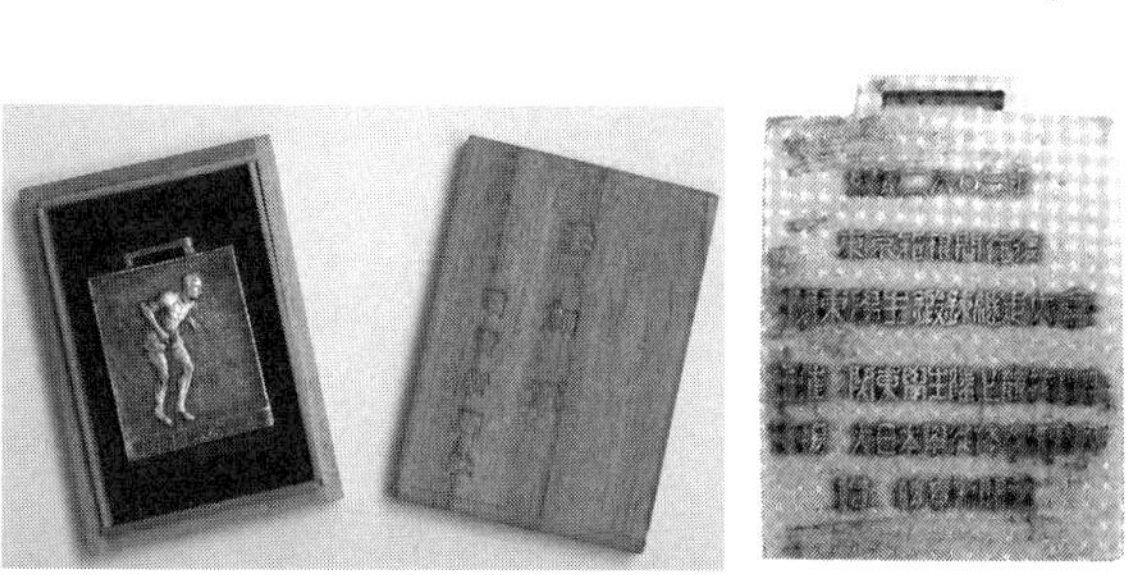

昭和18年大会の参加章。右は裏面

再び中止へ

大会閉会後、日本大学陸上競技部の部員たちは、千代田区にある大学本部に移動。午後五時頃から本部内の大広間で催された祝勝会に出席した。

激戦を戦い終えた選手たちに対し、大学関係者やOBたちから盛大な賞賛と労《ねぎら》いの言葉が贈られた。

山田穂漣監督、森本一徳コーチの挨拶の後、選手を代表して駅伝主将の杉山繁雄が謝辞を述べた。『日本大学新聞』（昭和十八年一月十日付）には、こう記されている。

〈選手代表杉山君の感謝に充ちた諸先生並に先輩に対する感謝の挨拶を終り一同選手を中心に今は過ぎし各コースに一進一退ついに堂々優勝した彼の感激を胸に戦線食の支那ソバに舌ヅツミを打ち懇談に入り〉

日大の陸上競技班長である小松雄道は、最後まで優勝争いを演じた慶應義塾大学の塾長・小泉信三に対し、その敢闘に敬意を表する書状を送ったという。

翌朝の「読売新聞」朝刊には、「日大優勝す」という見出しで、次のような記事が掲載されている。

〈関東学連主催の東京―箱根往復大学高専駅伝第二日は六日午前八時半前日の決勝点箱根神社前を先ず慶應が、六分余遅れて日大、法政以下順次スタート、慶應、法政、日大は復路七十哩を終始抜きつ抜かれつして稀にみる熱戦を繰返したが結局第九区間で慶應、法政より約二分遅れて出発した日大永野は頗る快調子を示して前走二者を抜いて悠々と決勝点靖国神社前に到着遂に覇権を獲得した〉

この大会を最後に、時代は再び箱根駅伝に背中を向ける。学生の徴兵延期措置の撤廃による「学徒出陣」が始まった以上、もはや開催は不可能だった。昭和一九（一九四四）年、そして昭和二〇（一九四五）年と、箱根路に観衆が溢れる風景は訪れなかった。

日大の優勝で幕を閉じたこの昭和一八年大会は、こうして戦前戦中における、最後の箱根駅伝となったのである。

シベリア抑留

日本大学陸上競技部の駅伝主将・杉山繁雄は、「戦時下の箱根駅伝」において往路の五区を走り、「四人抜き」の快挙を達成。復路では伴走役を務め、声を嗄らして選手たちを激励した。まさに優勝を手繰り寄せた立役者であった。

大会後の昭和一八（一九四三）年九月末、杉山は日大を繰り上げ卒業。青森県弘前市の野砲隊に入隊した。

弘前の部隊と言えば、「戦時下の箱根駅伝」で同じ五区を走った東京農業大学の百束武雄さんが経理部にいたはずである。同じ駅伝大会の同区間を走った者同士が、不思議な縁で近くにいたことになる。

その後、百束さんは弘前から東京の陸軍糧秣本廠へと赴任したが、杉山は幹部候補生として満洲に出征した。

杉山は満洲の各地を転々とした後、新京に駐留。新京は満洲国の首都である。

昭和二〇（一九四五）年八月九日、ソ連が日ソ中立条約を一方的に破棄。満洲各地に侵攻を始めた。

やがて、杉山の所属部隊にも、

「ソ連軍の戦車が進撃してくる」

との情報が入った。杉山は戦友たちと別れの水盃を交わした。

しかし、そこで終戦。

杉山は何とか生きて戦後を迎えることができた。しかし、杉山にとっての戦争は、それで終わらなかった。

終戦からおよそ一カ月後、杉山はソ連軍によってシベリアに連行された。俗に言う「シベリア抑留」である。ポツダム宣言の第九項では、「武装解除した日本軍将兵の帰還と、帰還者の平和的且つ生産的な生活ができる機会」が保証されているが、ソ連側の行為はこれに抵触するものであった。

この抑留では、実に五〇万とも一〇〇万とも言われる日本人が拘束されたと推計されるが、その中には「戦時下の箱根駅伝」を制した優勝チームの主将も含まれていたのである。

杉山は戦友たちと共に、満洲国黒河省の黒河という街からソ連領に連行された。目的地も告げられないまま、一週間近く歩かされた後、ようやく収容所へと辿り着いた。

そこは元々、刑務所として使われていた場所で、入所者たちが寝起きする部屋は暗い地下にあった。敷地は高さ五メートルほどの丸太の柵で囲われていた。自動小銃を持ったソ連兵らが、常に監視していた。

　極寒の地での峻烈な強制労働が始まった。冬の寒さの厳しい山形市の出身である杉山だが、より苛酷なシベリアの気候は彼の目にどう映ったであろう。雪を見て故郷を想う瞬間もあっただろうか。

　労働の内容は、森林の伐採や土木工事などだった。一五〇〇人ほどが六個の作業班に分けられた。

　毎朝、近くを流れる河から汲んできた水を煮沸したものが、飲料水として水筒に一杯ずつ支給された。二週間に一度ほど、地元の公衆浴場での入浴が許された。

　長距離走の練習によって鍛え上げられた強靭な身体を誇るはずの杉山だったが、ある時、自分の膝がガクガクと震えているのを自覚した。思うように歩くこともできない。軍医に相談すると「塩分不足」との診断だった。周囲には、同様の症状を訴える者が少なくなかった。

　杉山の労働現場にはロシア人もいた。杉山はこのロシア人に頼み、持っていた日本製の手拭を岩塩と交換してもらった。こうして杉山は、自らの生をどうにか繋いだ。

　後に杉山は、この抑留生活について『文京の教育』という地域の専門紙に寄稿し、こう書いている。

〈食生活は、人間としての限界まで達したが、そんな生活も落ち着いてくると、ソ連の人々の生活状況も次第にわかってきた。彼等は戦勝国といいながら日常の衣服などは、ひどい状態であった。パンを私達に要求するソ連労務者もいた〉（『文京の教育』第２４５号、文京教育懇談会）

シベリアに斃れた者たち

結局、約一五〇〇人いた抑留者の内、一年ほどの間におよそ五〇人が死亡。その大半が栄養失調だったという。

不条理極まりない悲劇もあった。ある日、兵舎の周囲の草むしりをしていた一人が、知らない内に「立ち入り禁止」の区域へと足を踏み入れてしまった。櫓の上からソ連の警戒兵が何やら叫んだが、言葉がわからない。やがて、辺りに乾いた銃声が鳴り響いた。あまりにやりきれない死であった。

そんな日々の中で、杉山の支えになっていたものは何だったのであろう。箱根駅伝のことを思い出す時間もあったのだろうか。

日本人たちは、死亡者が出ると遺体を手作りの棺に納め、裏山に埋葬して墓標を立てた。墓標には姓名、階級、死亡した日付を記しておいた。しかし、ソ連の将校が遺体から軍服を剥ぎ取って持って帰ってしまうというような事件も起きた。戦勝国とは言え、ロシア人たちの生活は極めて貧しく、泥棒や墓荒らしといった犯罪が蔓延していた。しかし、中には日本人に親切にしてくれるロシア人もいたという。

その後、遺体の火葬が許されるようになった。

杉山の戦友の一人も急性肺炎で亡くなり、荼毘に付された。杉山はその遺骨の一部を自分のトランクに隠し、大切に保管した。さらに、火葬前に手に入れた遺髪を自分の軍服に縫い込んでおいた。もし帰国できた時、彼の遺族に手渡そうと考えたのである。

しかし、チタ州のブカチャーチャという村の収容所に移動になった際、遺骨は見つかってしまい、ソ連側に没収されてしまった。

ブカチャーチャの近隣には、良質な石炭の出る大きな炭坑が複数あり、多くの日本人抑留者がそこでの労働を強いられた。この地にあった第二三収容所の衛生状態は極めて劣悪で、発疹チフスの流行によって多くの者が息絶えた。発疹チフスは、虱やダニによる感染症である。

この収容所における入所者の死亡率は、実に四〇％以上にも及んだとされる。

その後、杉山はブカチャーチャから程近いカクイという町の収容所へと移された。カクイはシルカ川沿いの町で、そこには大きな造船所があった。その造船所では五〇〇トン級の船を造っていたが、杉山は船体の部品を製造する仕事などに従事したという。

その後、ようやく帰国が叶ったのは、抑留開始から実に二年余りもの歳月が流れた頃であった。

軍服に縫い込んでおいた遺髪は帰国後、無事に遺族に渡すことができたという。

シベリア抑留で命を落とした日本人の数は、一般的におよそ五万人と言われるが、実際の犠牲者数はその数倍に達するという研究報告も少なくない。

許されざるソ連の国家犯罪である。

その後、杉山は山形県の県庁に奉職。昭和五〇（一九七五）年の定年まで実直に職務を全うした。

特攻隊の誘導

慶應義塾大学競走部に所属し、「戦時下の箱根駅伝」では補欠選手として伴走役を務めた小森宮正憙は、大会後、海軍飛行専修予備学生へと進んだ。第一三期生である。

昭和一九（一九四四）年七月、中国の上海航空隊での飛行訓練を終えた小森宮は、海軍少尉としてシンガポールの第八五一海軍航空隊に赴任。「二式大艇」と呼ばれる二式飛行艇の搭乗員となった。二式飛行艇は当時、「世界最高の性能を誇る傑作機」とも賞された大型飛行艇で、全長は実に二八メートルにも及んだ。

小森宮はその後、新設の第八〇一海軍航空隊に転属となり、香川県の託間海軍飛行場に派遣された。

昭和二〇（一九四五）年二月二四日、小森宮は二式飛行艇に搭乗し、鹿児島県の鴨池飛行場に進出。同地で新たに課せられた軍務は、「特攻隊の針路誘導」であった。まず「特攻機を目的地まで誘導」し、その後は「万難を排して無事に帰投せよ」というのが小森宮への命令だった。「戦時下の箱根駅伝」で選手の伴走をした小森宮が、今度は言わば「特攻隊の伴走役」を命じられたのは、何とも皮肉な話である。

三月一一日の午前九時、小森宮は二式飛行艇の機長として、鴨池飛行場から出撃。この機体には小森宮以下、一一名の兵士たちが同乗していた。小森宮、満二四歳の時である。

二式飛行艇は、鹿屋基地を離陸した「梓神風特攻隊」と佐多岬上空で合流。そこから西太平洋のミクロネシア南部に位置するカロリン諸島を目指した。梓神風特攻隊は、二四機の高速爆撃機「銀河」から編成されていた。当時、カロリン諸島のウルシー環礁は、米海軍機動部隊が集まる大規模な根拠地となっており、この地を叩くための特攻作戦だった。

出撃から約一〇時間が経った午後七時頃、編隊はヤップ島の上空まで到達。小森宮が命じられた誘導は、この地点までだった。

小森宮にとって、つらい別れの瞬間が訪れた。敵艦への体当たりに向かう特攻隊員たちを、小森宮はこの上空で見送った。若き特攻隊員たちは風防越しに手を振りながら、飛び去って行った。この時、小森宮は極度の「申し訳なさ」と「後ろめたさ」に悩まされたという。

誘導を終えた二式飛行艇は、機首を返してそのまま帰投しなければならない。ところが、その時、四基ある内の一基のエンジンが回転を停止。機体は徐々に高度を失っていった。

搭乗員たちは機体を安定させようと懸命に機器を操作したが、その内に左側の窓の彼方に見えていた雲が、明るく輝き出した。その閃光は、梓神風特攻隊の作戦開始を意味していた。二式飛行艇の電信員が、銀河が発した電波を傍受した。

それは「ト連送」だった。「我突入ス」の意味である。

小森宮たちも片肺飛行の最中であったが、搭乗員たちは涙を堪えて、光が瞬く方角に黙祷を捧げたという。

飢餓の島

小森宮が機長を務める二式飛行艇は、緊急着陸を余儀なくされた。二式飛行艇が不時着したのは、メレヨン島という島であった。

メレヨン島は日本軍の支配下にあり、島内には陸海軍合わせて六〇〇〇人以上の将兵が駐留していた。

しかし、この島は孤立していた。周囲の制海権を米軍に奪われていたため、大規模な輸送が行えず、補給は潜水艦のみに頼っていた。潜水艦では物資の運搬に限りがある。

島内には二式飛行艇を修理するための道具もなければ、燃料となるガソリンもなかった。帰投の見込みを失った二式飛行艇は、敵機の標的になるのを避けるため、海中に沈められた。

島内の食糧不足は極めて深刻だった。島に自生していたバナナやマンゴーの木などは、すでに米軍の空襲によって焼き払われていた。土地は畑作に適さず、芋やカボチャを植えても収穫は微々たるものだった。漁具が足りないため、魚を採ることもほとんどできない。島内にいたトカゲやネズミ、ヤシガニやヤドカリなどの生き物も、ほぼ食べ尽くされていた。小森宮はネズミが最も美味いと感じたが、その珍味にありつけたのも二回だけだった。

まさに「飢餓の島」だった。想像を絶する飢えと渇きの中で、多くの兵士たちが餓死した。絶命した者たちの遺体は、どれも骨と皮だけのような状態になっていた。眼窩は深く窪み、頭蓋骨の輪郭が見えるようだった。

病気も蔓延していたが、やがて小森宮もアメーバ赤痢に罹った。

そんな「招かれざる客」であるはずの小森宮らに対し、現地部隊の将校たちの中には、自身のわずかな食糧を削って世話をしてくれる者もいたという。戦後、小森宮はこう書き記している。


〈筆舌に尽し難いほど悲惨困難な環境の中で、実に心温かいお世話になってしまった。今もって、なんとお礼申し上げてよいのか、言葉もないほど、熱い感謝の念が続いている〉（『なにわ会ニュース』70号）

ただし、島内に「食糧泥棒」や「ヤミ取引」が多発していたのも事実であった。小森宮も大切な航空時計を盗まれたという。

不時着から五八日目、メレヨン島に伊号第三六九潜水艦が補給にやってきた。食糧や医薬品を降ろした艦内に、小森宮ら一二名の二式飛行艇搭乗員は収容された。

こうして、小森宮はメレヨン島から離脱。五月二四日、伊号第三六九潜水艦は横須賀港に帰港した。

その後、日本は八月一五日に敗戦を迎えたが、メレヨン島の陸海軍将兵たちが病院船「高砂丸」にて帰国したのは、九月二六日のことであった。島には当初、六〇〇〇人以上が駐留していたが、大きな戦闘がなかったにもかかわらず、再び祖国の土を踏めた者は一六二六人に過ぎなかった。

現在、この島は「戦わずして玉砕した悲劇の島」と呼ばれている。

小森宮の甥にあたる康之さんは、今は亡き叔父をこう振り返る。

「『島では何でも食べた』と話していましたね。それから、これは飢餓生活の影響だと断言できるわけではないのですが、叔父はとにかく『食べること』が大好きで、大変な美食家でした」

康之さんが続ける。

「ですが、不思議と蟹だけは食べないんですよ。戦争前は食べていたらしいんですがね。

『蟹という字を見るだけでも嫌だ』なんて言っていました。こういったところは、島での体験によるのかもしれません」

そして、康之さんが最後に教えてくれた逸話は、私にある種の戦慄を覚えさせた。

「叔父は『戦争は二度としてはいけない』とよく語っておりました。実は叔父は結婚してからも、『自分の子を戦争に行かせたくない』という理由で、子供をつくらなかったんですよ。これは大変な決断ですよね。やはり、よほどの体験があったのだと思います」

立教大学・古賀貫之の戦争

「戦時下の箱根駅伝」の選手たちは、大会後、さまざまな戦争体験を経て戦後を迎えた。学徒出陣、輸送船の触雷、東京大空襲、特攻隊、シベリア抑留、そして「飢餓の島」。生死の瀬戸際があり、不条理があり、近しい人の死があった。

それでも、生きて戦後日本の土を踏むことができた者は、まだ幸運だったと言えるのかもしれない。

前述した通り、日本大学の七区を走った山手学は、二度と家族にその顔を見せることはできなかった。

立教大学の六区を走り、区間五位の記録を残した古賀貫之は、いわゆる「学徒出陣」を待つことなく、志願して海軍飛行専修予備学生の試験を受けた。昭和十八（一九四三）年八月のことである。この時の受験者数は七万人を超えた。採用試験の内容は身体検査と口頭試問だけで、それまで行われていた筆記試験は免除された。

採用予定者として合格したのは、五千数百名だった。前線における人員の不足により、例年よりも大量に採用された。その中に古賀の名前もあった。

採用予定者は二班に分けられ、改めて身体検査と航空適性検査を受ける。この検査に合格すると、晴れて海軍飛行専修予備学生として基礎教程に進むことが許される。

古賀は検査に合格した。こうして古賀は、海軍飛行専修予備学生の第一三期生となった。

立教大学陸上競技部のチームメイトで、「戦時下の箱根駅伝」では一〇区を走った酒井八郎も、第一三期生の名簿の中に名前がある。おそらく一緒に受験したのであろう。立大からは、合計五二名が進んでいる。

また、前述した慶應義塾大学の小森宮正悳や、「戦時下の箱根駅伝」の開催に尽力した関東学連幹事の中根敏雄も、この第一三期海軍飛行専修予備学生である。彼らはいわゆる「同期の桜」となった。

ただし、第一三期生の総数は五一九九名にも及んだから、彼ら同士の面識がどこまで生じたのかは不明である。

戦後、この第一三期生の出身者を対象としたアンケート調査が行われている（『海軍飛行科予備学生・生徒史』）。その中の「飛行科予備学生を志願した理由」という設問に対し、次のような結果が出ている。

◎国または同胞を護るため　三三％
◎兵役に服するなら陸軍より良い　三三％
◎飛行機に乗りたかったから　二一％
◎海軍士官がスマートに見えた　一一％

前年までの同様の調査と比べると、「国または同胞を護るため」という数字が増加している。戦況が悪化する中で、志願者たちの意識に変化が生じていた様子が窺える。果たして、古賀はどのような思いで志願したのだろうか。

入隊は昭和一八（一九四三）年九月三〇日。予備学生たちは前期と後期に振り分けられたが、古賀は後期学生として飛行科の基礎教育へと入った。

台湾の空遥か

昭和一九(一九四四)年一月一八日、基礎教程が終了。その後、予備学生たちは練習機教程へと進むが、古賀貫之の新たな訓練地となったのは台湾の高雄海軍航空隊だった。台湾南部の岡山街に位置する高雄飛行場がその拠点である。一方、立教大学時代のチームメイトである酒井八郎は、徳島海軍航空隊での練習機課程へと進んだ。

高雄飛行場にはコンクリート製の立派な各種施設が揃っており、敷地も広大だった。学生舎は兵員用の大部屋が転用されていた。

分隊長の訓示の後、身体検査、飛行用具の配給などが行われる。飛行服や飛行帽は、予備学生たちにとって憧れの対象であった。

入隊式の後、練習機を使っての猛訓練がいよいよ始まった。

同乗飛行から単独飛行、編隊飛行、特殊飛行へと訓練の課程は進んでいく。練習機教程における飛行回数の平均は一二〇回、飛行時間の平均は四〇時間前後に及んだ。その他、飛行に必要な諸要務や操縦理論、航空理論や天候予察法といった座学も行われた。

訓練は苛烈だったが食糧は豊富にあり、バナナやパイナップル、パパイヤといった南国の果実が予備学生たちを喜ばせた。

この練習機教程が終わると実用機教程へと進む。古賀を含む後期学生は、五月二四日付で実用機教程を担当する各練習航空隊への配属を命じられた。ここで学生たちは各人の特性や技量、本人の希望などを参考に「戦闘機（艦戦）」「爆撃機（艦爆）」「攻撃機（艦攻）」の種別に分けられる。古賀の配属は「戦闘機」だった。この実用機教程が無事に終われば、いよいよ実戦部隊に赴任することになる。

五月三一日、古賀は海軍少尉に任官。

だが、結論から先に述べると、古賀はその後の七月一八日に命を落としている。

『海軍飛行予備学生生徒戦没者名簿』には「昭和十九（一九四四）年七月十八日」に「戦死」とある。戦没方面は「高雄」とのみ記されている。

しかし、古賀の名前は『空の彼方　海軍基地航空部隊要覧』の中の「高雄海軍航空隊」の章には記されていない。細かな戦死記録を網羅したこの要覧に、なぜ古賀の名前がないのか。私は首を捻った。

高雄海軍航空隊には昭和一七（一九四二）年一〇月に開隊となった「第二代」があり、念のためそちらの記録も調べてみたが、やはり彼の名前は見つけられなかった。

彼の死を辿る作業の中で理解の手掛かりを与えてくれたのは、靖國偕行文庫が所蔵する『海軍飛行科豫備学生・生徒史』だった。そこには、一つの哀しき単語が示されていた。

それは戦没者に関する名簿の頁であったが、古賀の欄に記されていたのは「殉職」の文字であった。この言葉が意味するところは、「軍隊内での事故」「訓練中の事故」による死である。

さらに、『第十三期海軍飛行専修予備学生誌』内の「第十三期海軍飛行専修予備学生総員名簿」の古賀の欄にも「殉職」の文字があり、加えて「戦没状況等」の項目には「学生訓練中」と記されていた。「機種」の欄には「零戦」とあった。

すなわち、古賀は実戦部隊に配属される直前の実用機教程において、零戦搭乗中の事故により、命を落としたと結論付けられる。部隊要覧に名前がないのは、「配属前の事故」のためであった。

『第十三期予備士官名簿』によれば、古賀の少尉序列は「4662」。しかし、学生教程を卒業する際に成績順に付与される「ヨヒ番号」の欄は「欠番」となっている。「最終配属隊」の欄には「学生中」とのみ記されている。

訓練中の事故死には、戦場での死とはまた違った独特のいたたまれなさが付きまとう。

古賀のチームメイトだった酒井は、古賀が殉職した直後の七月二四日に徳島海軍航空隊に配属。「5925」という「ヨヒ番号」が与えられている。

酒井はその後、昭和二〇（一九四五）年七月二五日に第九〇一海軍航空隊に転属となったが、そこで終戦を迎えた。

結局、五一九九名の第一三期海軍飛行予備学生の内、戦没した者の数は一六一七名。立大から進んだ五二名の内、戦没者は古賀を含め二三名である。

クリスチャンランナーの戦争

六区の古賀貫之、一〇区の酒井八郎と共に、「戦時下の箱根駅伝」で立教大学の三区を走った高橋和民は、昭和一八（一九四三）年九月、同校を繰り上げ卒業。陸軍に入隊した。

前述しているが、高橋はプロテスタント系会衆派教会の牧師の息子である。父親の皋三は、満洲国の首都である新京で伝道活動に携わっていた。そんな父の影響から、高橋もクリスチャンだったと思われる。

初年兵教育を終えた高橋は、満洲に出征。彼の家族は満洲で暮らしていたが、束の間の再会はあったのであろうか。

ただし、高橋の父・皋三は、昭和一九（一九四四）年の秋に東京の教会に転任となり帰国。しかし、高橋の姉である勝子や妹の百合子は、そのまま新京に残った。勝子はすでに結婚し、百合子は満洲電電（満洲電信電話）の新京放送局でアナウンサーを務めていた。

その後、高橋の所属部隊は、満洲に駐留した多くの連隊がそうであったように、南方の戦線に移動となった。南方戦の戦局の悪化を受け、満洲から次々と戦力が抽出されていた。

高橋の転戦した先は、フィリピンのルソン島だった。

昭和二〇（一九四五）年一月、連合軍はルソン島のリンガエン湾から大規模な上陸作戦を開始。上陸に成功した第六軍の内、二個師団がマニラ奪還を目指して南下し、別の二個師団が北部の制圧へと向かった。

一方、これを迎え撃つ日本軍は島内各地で持久戦を図る戦略を採ったが、物量に勝る連合軍は総じて優勢に戦局を展開した。

二月三日からは、首都のマニラで激しい市街戦が勃発。マニラ市民を巻き込んだ壮絶な戦闘となった。「東洋の真珠」と呼ばれた美しい街並みは、大きく破壊された。

三月三日、マニラは連合軍の手に落ちた。この一連の戦闘で、日本軍の犠牲者は一万二〇〇〇人にも及んだとされる。市民の犠牲者数は一〇万人に達したとも言われるが、実数は今も不明である。

平和と民主主義の行方

日本軍の将兵たちは、島内に分散してさらなる持久戦を目指したが、各地で補給を断たれた部隊が続出。食糧は枯渇し、耐え難き飢餓に悩まされるようになった。

日本軍が悲愴の度合いを強める中で、遂に高橋の命運も尽きた。ルソン島の戦線において、儚くも不帰の客となったのである。所属部隊の全員が餓死だったという話も伝わる。

満洲電電のアナウンサーだった妹の百合子は、敗戦後に日本に引き揚げ、ラジオ東京（現・ＴＢＳラジオ）でマイクを握ったが、そんな彼女が平成二二（二〇一〇）年一一月に発行された『立教大学体育会陸上競技部　創部90周年記念誌』に文章を寄せ、以下のように綴っている。

〈兄の戦死広報には「昭和20年４月15日マニラにて」とありました〉

ただし、前述の通り、マニラは三月三日に連合軍の手中に落ち、日本軍は各地に敗走していたため、四月一五日にマニラで戦死というのは史実の経緯からは些か考えにくい。

しかし、放送作家の鎌田みわ子さんによれば、テレビ番組の取材で百合子から話を聞いた際に作成したメモの中に、次のような言葉が書き留められているという。

〈入隊の一年半後、フィリピンのマニラ周辺で戦死〉

戦没地が「マニラ」ではなく「マニラ周辺」ということであれば、話は根本から違ってくる。

「マニラ周辺」ならば、百合子の記述の信憑性は一挙に高まる。

ところが、この話にはもう一本の糸が絡まる。先に引用した『立教大学体育会陸上競技部創部90周年記念誌』の中には、別の執筆者による次のような記述が見られるのである。

〈高橋和民（S20・3・28　バイタンガン山にて戦没）は第19・20・22回箱根駅伝に出場。いずれも立教大学の上位入賞に貢献した〉

つまり、同じ記念誌の中に、高橋の戦死に関して全く異なる日付と場所が併記されているのである。執筆者の名前はない。

早速、「バイタンガン」という地名を調べてみたが、一次史料である『戦史叢書（60）捷号陸軍作戦（2）ルソン決戦』や、フィリピンの詳細な地図が掲載されている『山ゆかば草むす屍』内の「戦没者分布概要図」にも、そのような場所の記載はなかった。フィリピンの地名に関しては、文献によってかなりの違いが見られるのが特徴だが、『戦史叢書』の表記が当時の公的な記録に最も準じている。

「バイタンガン」に似たルソン島の地名としては、バンタバンガン（サラクサク峠の南東）、バランガン（ピナツボ山の南東）、バナンガン（バギオの北西）などがあり、さらにフィリピンの他の島まで視野を広げれば、ネグロス島にバタンガンという表記が見られる。いずれも、「マニラ周辺」という表現とは一致しない地域である。

一方、マニラ市内にはパンダカンという地区があるが、この地域はマラカニアン宮殿に近い市街地であり、「バイタンガン山」という言葉にはそぐわない。

同記念誌の文末には「資料提供」として「井口敬先輩（S46年卒）」と記されている。この点について同部のOB・OG会である「紫聖会」に問い合わせたが、「その部分は井口からの資料提供ではない」「出典は不明」との返答だった。

結局、この「バイタンガン山」という表記が示す地点の特定は困難であった。この記述に関する信憑性は不明である。

一方、一般論から言って、妹が兄の戦史公報の内容を間違えて転記する可能性は決して高くないと思われる。

ただし、フィリピン戦に関する戦死の情報は、たとえ一次史料であっても完全ではないとも言われる。マニラ陥落後、日本軍の各部隊は大変な混乱の中で敗走を続けており、各部隊の動きはいまだ不明の部分が少なくない。戦史公報でさえ、どこまで正確なのかわからないというのが現状である。

そのような状況を鑑みれば、高橋の死に関しても安易な断定や類推こそ危険であろう。

わかっているのは、牧師である父親が「平和」と「民主主義」への思いを託して付けた名前が、戦死公報に記載されたということだけである。鎌田さんの取材メモの中には、百合子の発言として次のような言葉が書き留められているという。

〈兄は大変な大食漢でしたのに、死んだときは部隊全員が餓死したとのこと。どんなに辛かったことか。でも、「箱根駅伝」という憧れを持ち、それに向かってひたすら練習に励み、走って走って走りぬいて天国に駆け上った兄に、私は『兄さん幸せだったね』と語りかけます。あの時代、兄は確かに生きた証しを残したのですから〉

高橋に永遠の安息は訪れたのであろうか。

百合子は、前述の記念誌にこうも書いている。


〈私は1月2日・3日を命日と思い、毎年テレビ桟敷で若者らに亡き兄を重ね、声援を送っています〉


かつて高橋家が暮らした行人坂教会は、今も往時と同じ場所に建っている。

戦後に改築されたとは言え、戦前の雰囲気を色濃く残すという礼拝堂には、華美な装飾などはなく、静やかな空気が流れている。高橋も礼拝した場所で、私も祈りを捧げた。

「戦時下の箱根駅伝」を走り、そして戦場に散った者たちは、かつて彼らがゴール地点として目指した靖國神社に今も眠っている。

第4章

大会復活～戦後の歩み

第23回箱根駅伝。戦後復活第1回大会。読売新聞社前をスタートする選手たち。1947年1月4日

復活への第一歩

昭和二〇（一九四五）年八月一五日、長きにわたった戦争は日本の敗戦という形で終わった。日本は連合国軍最高司令官総司令部（ＧＨＱ）の占領下に入った。

昭和一八年大会を最後に中止となっていた箱根駅伝も、再興への道筋はいまだ見えない状態が続いていていた。戦時中に大日本体育会陸上戦技部へと改組されていた全日本陸上競技連盟も、組織として消滅したままだった。関東学生陸上競技連盟（関東学連）も解散という形が続いていていた。

だが、敗戦から三カ月後の一一月、かつて全日本陸上競技連盟の会長だった平沼亮三の「復興はスポーツから」という呼びかけにより、同連盟の再建に向けた準備委員会が発足。一二月には総会が開かれ、「日本陸上競技連盟」という新たな名称で再出発する旨が決定した。早速、復活競技会が東京帝国大学のグラウンドで開催される運びとなった。

中央大学の陸上競技部で主将を務め、「戦時下の箱根駅伝」の際には一区を走った村上利明は終戦後、故郷の愛媛県にいたが、ある日、一つの新聞記事を目に留めたという。

〈陸連が復活第1回ということで競技会を東大の本郷のグラウンドで開くという記事が新聞

に載ったんですよ。日にちは忘れましたが12月のことです。陸上競技が出来るっていうことで矢も盾もなく上京しました〉（『箱根駅伝70年史』関東学生陸上競技連盟）

日本の陸上界は、緩やかながらも着実に再興への道を歩み始めていた。

村上は戦争末期、特攻隊員として待機している内に、八月一五日の終戦を迎えた。村上は「戦時下の箱根駅伝」の際に一区の走者として靖國神社からスタートした過去を踏まえ、後にこう語っている。

〈だからぼくは戦死をしなかったんです。靖国神社から出たから〉（同誌）

愛媛から東京に戻った村上は、日本陸上競技連盟主催の競技会に参加。元々の専門である「砲丸投げ」に出場し、進駐軍の伍長に次ぐ二位という成績を残した。

そして、村上はこの時、日本陸上競技連盟の森田重利から、

「陸連も第一回競技会を開いたんだから、君も学生の同志を集めて、学生をまとめたらどうか」

と声を掛けられた。森田は中大のOBでもあった。

これに対し、村上は、

「よし、それじゃやりましょう」

と即座に答えたという。

こうして、解散となっていた関東学連も、再興への第一歩を踏み出した。

結局、関東学連が正式に復活を遂げたのは、昭和二一（一九四六）年三月一日のことである。

インカレの開催

再出発した関東学連の目標は、何と言っても「箱根駅伝の復活」であった。

村上利明と共に、大会復活のための舵取りを担ったのが、「戦時下の箱根駅伝」の際に立教大学の七区を走った高橋豊だった。

高橋も「戦時下の箱根駅伝」の後、学徒出陣し、戦地に赴いていた。

高橋が復員したのは、昭和二一（一九四六）年三月だった。

五月、復学届を出しに池袋のキャンパスを訪れたが、伝統ある陸上競技部の部室は、あろうことか馬小屋に様変わりしていた。変わり果てた光景を目の当たりにした高橋は、こう思ったという。

〈その片隅に押しやられた名門の陸上競技部を、これは復活させなくちゃいかん！　と。立教大学は駅から学校まで行く途中が非常に環境が悪いんですよ。カストリ横丁があったり何だりでね。学生が学校に来ないでそこへ行ってしまう。それで酒やったり、たばこ吸ったりでね。これじゃいかん！　いったいこれからの日本を再建するって、一体、だれが再建するのか〉（『箱根駅伝70年史』関東学生陸上競技連盟）

一念発起した高橋は、関東学連の幹事に就任。関東地方における学生陸上競技界の再興に向け、奮闘する日々が始まった。

高橋は村上と協力し、九月に関東学生対校選手権を開催。さらに、箱根駅伝と同様、戦時下で中止となっていた関東インカレの復活大会を開催する旨も取りまとめた。

大会の日程は一〇月二〇、二一日の二日間、会場は初日が中央大学のグラウンド（中央大学練馬競技場）、二日目は明治神宮外苑競技場から名を改めた「ナイルキニック・スタジアム」に決まった。

　中大の練馬競技場が完成したのは昭和一三（一九三八）年。当時の部員たちが大学側と根気よく交渉した結果、沼地を埋め立てて造成したグラウンドだった。

　しかし、戦時中にはそのグラウンドも野菜畑に変貌していた。

　そんなグラウンドを本来の姿に戻す時がやってきた。土をならしてラインを引き、陸上ができる場所へと蘇らせた。不幸中の幸いと言うべきか、陸上競技の器具を保管しておいた倉庫はそのまま残っていたため、道具には困らなかった。

　こうして、関東インカレは無事に開催された。食糧事情も悪い中、選手たちは全力でそれぞれの競技と向き合った。結局、この関東インカレは大成功を収めたが、この一歩が箱根駅伝の復活に向けて大きな布石となった。関東インカレの成功を契機として、箱根駅伝復活への気運は一挙に高まったのである。

「やってできないことはない」が高橋の主義だった。

読売新聞社の協力

　箱根駅伝の復活に向けて、学生たちは着実に動き始めていたが、最大の障壁となりそうだったのが予算面での問題だった。

関東学連幹事の高橋豊はまず、かつての共催企業である読売新聞社に話を持ちかけた。戦時中、同社は空襲で銀座の社屋を焼失するなど、甚大な打撃を蒙っていた。「読売報知」に改題されていた題号も、終戦後の昭和二一（一九四六）年五月一日にようやく「読売新聞」に復帰したばかりであった。

そのような苦しい状況の中で、「箱根駅伝の復活」に一定の理解を示す者はいても、社として支援を承認するのは容易ではなかった。

当時、同社の事業部にいたのが平林愛国である。明治大学出身の平林は、ロサンゼルスオリンピックのボクシング競技に出場した経験を持ち、スポーツには深い理解があった。平林は元報知新聞社の社員だったが、そんな彼が関東学連との交渉窓口となった。関東学連の高橋は、読売新聞社との交渉を次のように振り返る。

〈彼（著者註・平林）が非常に共鳴したんですが、当時読売新聞の事業部はミス・ユニバースとプロ野球でいっぱいだったんですね。それで最初のうちは、ただ話程度に聞いて置こうということなんです。でも、耳を貸してくれたので、「よし、これはしめたものだ」と、とにかく愛国さんを引っ張り出したりして、くどいた訳です。「昔はこうだった、昔の駅伝をこうやって報知新聞はうんと売れたんだ」と、いうことを宣伝したんです〉（『箱根駅伝70年史』関東学生陸上競技連盟）

高橋をはじめとする関東学連のメンバーは、連日のように読売新聞社に通って直談判を続けた。また、日本陸上競技連盟の常務理事で、関東陸上競技協会の理事長も務めていた慶應義塾大学ＯＢの清水了一も、幅広い人脈を活かして交渉を大いに支援した。

そんな多方面からの働きかけが功を奏し、読売新聞社の社内でも「箱根駅伝の復活」に同調する者が増えていった。その結果、遂に事業部が、

「よし、やってみようじゃないか」

と腰を上げたのだった。

その後、社内での重役会議によって、大会への資金援助が正式に決定した。

関東学連はこうして読売新聞社の協力を取り付けることに成功した。大会復活に向け、大きな前進であった。

ＧＨＱとの交渉

読売新聞社との交渉はこうしてまとまったが、関東学連幹事・高橋豊らの前にはもう一つの難しい問題が立ち塞がっていた。

それは「道路の使用許可」であった。前述した通り、戦時中に大会が中止に追い込まれたのも、道路の使用許可が下りなかったことが最大の理由であった。以下、高橋の回想である。

〈先輩の話を聞きますと、道路使用許可は出発の警察の許可を受ければよかった。それで麹町警察に行ったら、「あれは占領第１国道だからダメだ」と言うんだね〉（『箱根駅伝70年史』関東学生陸上競技連盟）

すなわち、新たな交渉相手として、占領政策の管理者であるＧＨＱが登場してきたのである。

こうして、高橋はＧＨＱとの折衝に臨んだ。ＧＨＱとの交渉は、大会復活に向けて最も重要且つ困難な課題と言えた。

まず、高橋の仕事は「駅伝という言葉をどう訳すか」というところから始まった。高橋は悩んだ末、「クロスカントリー・リレーゲーム」と訳すことにした。

幸いにして、GHQ側はこの言葉に興味を示した。高橋は交渉の内容をこう振り返る。


〈それで、「どういうふうにするんだ」と言うから、「10人ずつでこうして2日間やる」と伝えると、「検討してみよう」ということでした。それで、すぐ返事がきて、一応憲兵隊へ行ってみました。すると、「どういうもんだか一回やってみろ」と、いう訳です。（略）とにかく、「書類を出せ」ということでしたからだれか（当時NHKのスポーツ課長の杉山さん）に書いてもらって、それで、許可をもらいました〉（同誌）

GHQ側の対応は、予想していたよりも柔軟なものであった。GHQの占領政策は、言論統制や伝統文化の排斥など、極めて多岐に及ぶ苛烈な内容であったが、ことスポーツに関しては寛容な部分もあった。

こうして、無事に道路の使用許可も下りた。GHQの交渉担当者からは、

「面白そうだから、当日はレースに同行させてくれ」

といった声も寄せられたという。

参加校の決定

こうして「箱根駅伝の復活」が正式に決定した。日程は昭和二二（一九四七）年一月四、五日と決まった。

しかし、予算の問題はまだ解決していなかった。読売新聞社からの協力は取り付けたものの、運営資金は充分とは言えなかった。出場校の数も未定だったが、もし参加希望校が予想以上に増えると、予算が不足する可能性も懸念された。

そこで、関東学連は出場校を制限することにした。こうして始まったのが、「予選会」である。箱根駅伝の創設以来、初めての試みであった。

昭和二一（一九四六）年一二月一日、第一回となる「関東大学高専一〇マイルチームレース」（別称・関東学生一〇マイル選手権）が開催された。この大会が「箱根駅伝の予選会」として位置付けられた。

一チーム八名という編成で、八選手の平均タイムによってチームの順位が決められる。上位一〇位までの学校に本戦出場権が与えられるという規定であった。

しかし、結局、この大会に出場したのは、一〇校のみだった。よって、結果的には参加を希望した全校が、本大会に出場できることになった。

その一〇校とは、以下の通りである。

神奈川師範学校（現・横浜国立大学教育人間科学部）
慶應義塾大学
専修大学
中央大学
東京体育専門学校（後に東京教育大学に包括）
東京文理科大学（現・筑波大学）
日本大学
法政大学
明治大学
早稲田大学

「戦時下の箱根駅伝」に出場していた立教大学、東京農業大学、拓殖大学、青山学院の四校は不参加となった。いずれも戦時中から選手層の薄さに悩まされた学校であり、戦後の混乱期において一〇人の選手を集めるのは難しかったのであろう。

一方、神奈川師範学校は初めての参加となった。教員養成系の学生は学徒出陣の対象から外されていたが、そんな影響もあって叶った初出場と言えよう。

関東学連は「一校一万円」という内訳で、計一〇万円の資金援助を読売新聞社側に要請。昭和二一（一九四六）年の国家公務員（大卒）の初任給が五四〇円であるから、当時の一〇万円は現在の価値で言うと四〇〇〇万円前後といったところであろうか。

すでに資金援助を約束していた読売新聞社だったが、敗戦後のハイパーインフレと新円切替の混乱の中で、経済的な余力は乏しかった。結句、関東学連はレースを間近に控えた年末になっても、読売新聞社から規定の予算を受領できないでいた。

関東学連幹事の高橋豊は、読売新聞社と粘り強く協議を続けた。しかし、開催が翌週に迫った一二月二九日になっても、まだ資金を受け取ることができなかった。高橋は連日、朝から読売新聞社に通い、夜中まで交渉したという。

学生たちの執念とも言えるこうした熱意に読売新聞社もようやく応え、何とか資金を調整。一〇万円が関東学連側に手渡されたのは、大晦日の除夜の鐘が鳴り始めた時であったという。

復活大会の開催

昭和二二（一九四七）年一月四日、新春の箱根路にタスキが戻る日がやってきた。あの「戦時下の箱根駅伝」以来、実に四年ぶりとなる開催である。

大会の名称は「東京箱根間往復復活第一回大学高専駅伝競走」と銘打たれた。凄惨な敗戦を体験した日本が再起への道を模索する中、スポーツを再興しようという気運が大会の復活を実現させた。

資金協力した読売新聞社は「後援」という形になった。これはGHQから「学生の大会を私企業が催すのは好ましくない」という指導が入ったための措置であったとも言われる。

各大学ともに苦労したのが、一〇人のメンバーを揃えることだった。戦時中も選手の不足は深刻だったが、それは終戦直後も同様だった。

結局、長距離以外を専門とする選手たちが、登録メンバーに多く名を連ねていた。日本大学の南雲真男は投擲、東京文理科大学の山本邦夫はハードル、中央大学の竹内三郎は跳躍が本来の専門だった。

あらゆる物資が払底する中で、チームによっては一〇着のユニフォームを揃えるのにも難儀したという。

宿泊する旅館に入る際、部員たちは米や缶詰を持参したが、それらを確保するのも一苦労だった。中央大学は千葉県、専修大学は東北地方まで、米の買い出しに赴いた。

そんな中で迎えた復活大会である。

大会当日の東京の天候は快晴。しかし、早朝の気温は零下六度まで下がった。

スタート地点は靖國神社ではなく、有楽町の読売新聞社（元・報知新聞社）前である。

午前七時、号砲一発、一〇人の選手たちが一斉に大地を蹴った。合図のピストルを鳴らしたのは、文部省体育局振興課長の栗本義彦である。沿道の審判員や計時員は各大学のＯＢたちが率先して受け持ったというから、「戦時下の箱根駅伝」を走った者の姿もあったかもしれない。

沿道の人々も「箱根駅伝の復活」を心から喜んだ。

しかし、一区の沿道に広がる光景は、四年前とは大きく変容していた。いまだ生々しい空襲の焼け跡には、粗末なバラックが立ち並んでいた。人々の苦しい生活が伝わる景観だった。

それでも、沿道には多くの人々が集まり、小旗を振って選手たちに声援を送っていた。

瓦礫の街を、色とりどりのタスキが進む。

選手たちも「走る喜び」を実感しながらのレースとなった。

（走れなかった先輩たちのためにも）

復活大会とは、感謝と鎮魂の営みであった。

何人かのGHQの職員たちが、ジープに乗って見学に訪れた。伴走する審判車の中にも、GHQの幹部の姿があったという。

明治大学のタスキ

この復活大会には、明治大学の姿があった。

明大競走部は第一九回大会で起こした「選手の二重登録」という問題を発端として、大会に出られない「冬の時代」を迎えていた。ゆえに「戦時下の箱根駅伝」にも不出場だったが、そんな明大が戦後の第一回大会で復帰を遂げたのである。明大にとっては、昭和一三（一九三八）年以来となる九年ぶりの箱根駅伝であった。

明大の一区を走った戸田省吾は、昭和二一（一九四六）年三月に大学に復学。しかし、母校のグラウンドは雑草が伸び放題という有り様だった。戸田は先輩たちと協力して、背丈ほどもある雑草を刈り取ることから部の再建を始めた。

（我々はありがたいことに生き残った。アメリカに負けないだけの気魄を持って、スポーツ

で返そうじゃないか）

戸田の胸裡には、そんな思いが秘められていた。

日々の食事にも困るような状況だったが、それでもグラウンドを整備し、練習を再開。一日に二〇キロ近くも走り込む猛練習を重ねた。そこには「走る喜び」があった。

そんな戸田が、憧れの檜舞台に立っていた。

戸田は順調に快走し、先頭グループに付いた。監督はサイドカーに乗って伴走。沿道からの大歓声が、戸田の背中を押した。

しかし、そんな彼を突然の腹痛が襲う。それまで粗食が続いていたにもかかわらず、その日の朝食に奮発して生卵や山芋を食べたのがいけなかった。サイドカーに乗った監督が、

「戸田！　お前、どうしたんだ！」

と叫ぶ。

（もう駄目だ）

そう思った時、彼に力を与えてくれたのが紫紺のタスキだった。そのタスキは、伝統の紫紺よりも少し色が淡かった。タスキを染める染料が足りなかったためである。それでも部のマネージャーたちが、手作業でできる限り染めてくれた。ちなみに、ユニフォームは染める

ことができず、白地のものを着用していた。

戸田はそんなタスキの重みをひしひしと感じながら走った。

（死んでも行かにゃいかん）

戸田は最後まで粘り、区間三位でタスキを繋いだ。

また、同じ一区の選手の中には、「戦時下の箱根駅伝」で同じく一区を走った中央大学の村上利明の姿もあった。箱根駅伝の復活にも尽力した村上は、この大会のことを後にこう回顧している。


〈みんな軍隊帰りですし、私ももちろん戦闘部隊で第3戦隊、飛行隊なのですが、よその大学のOBに会うのが非常にうれしい訳です。対抗意識どころじゃなく、大変な親しみ、ああ元気だったか、というんでスタートしたんですね〉（『箱根駅伝70年史』関東学生陸上競技連盟）

村上は区間七位の記録を残した。

山中克巳さんの青春と戦争

慶應義塾大学の三区を任されたのは、山中克巳さんである。戦時中、慶應義塾の普通部に在籍し、慶大の競走部と共に練習を積んでいたことは、すでに何度か述べている。

山中さんは大正一五（一九二六）年八月二七日生まれ。生まれたのは芝区芝葺手町《しばふきでちょう》（現・港区虎ノ門四丁目）である。父親は銀行員だった。

幼少時に大腸カタルを患った山中さんは、小学校低学年の頃は「虚弱児童」だった。ひどく痩せていたことから、付けられた渾名は「ガンジー」であった。

小学校の高学年になると、体調も恢復。みるみる体力も付き、自宅近くの江戸見坂を友達と走れるようになった。小学校卒業後、慶應の普通部に入学した。

一年の秋、校内の武道大会があった。柔道を選択していた山中さんは、この大会で「五人抜き」を達成した。

「身体は小柄だったのですが、すばしっこかったんでしょうね」

この大会を転機として、山中さんは柔道部に入部した。

その後、厚生省が管轄する体力章検定の「二〇〇〇メートル走」で、慮外に良い記録が出た。その結果を知った陸上部のキャプテンが柔道部の主将に、

「あのチビッコをくれ」

と交渉。山中さんの陸上部への移籍が決まった。

こうして山中さんは、後に「戦時下の箱根駅伝」を走ることになる先輩たちと共に、日吉のグラウンドで汗を流す日々へと入ったのである。

「戦時下の箱根駅伝」から三カ月後の四月、山中さんは慶大の予科に進学。しかし、すでに勤労動員などで授業も部活もままならないような状態だった。食堂の米飯には「うどんの切れ端」が混ざるようになった。

勤労動員では厚木の海軍飛行場などで仕事をした。昭和一九（一九四四）年の箱根駅伝は中止となったが、山中さんとしても、

「もうそれどころではなかった」

という心境だった。

昭和二〇（一九四五）年四月、慶大本科に進学。しかし、翌五月、勤労動員で北海道の網走に派遣された。山中さんたちはサロマ湖近くの農家に分宿し、馬にプラウ（犂《すき》）を付けて農地を耕す作業に従事した。

「農作業の手伝いが目的ということでしたけど、ソ連軍の南下に備える意味もあったのかも

しれませんね」

六月中旬、周囲の友人たちのもとに続々と電報が届き始めた。それは陸軍への「現役召集」を告げる電報だった。いずれも、七月一日までに水戸の部隊に集合するよう伝えていた。

しかし、山中さんのところにだけは何故か電報が来ない。

（もう現役召集はないだろう）

そう思った山中さんだったが、六月三〇日になってようやく電報が届いた。山中さんの実家は芝葺手町から世田谷の瀬田に引っ越していたが、その関係で配送が遅れたのかもしれない。

だが、七月一日の集合には、もはや時間的に間に合わない。だからと言って無視するわけにもいかず、山中さんは仕方なく分宿先を発った。まず函館に向かうため、遠軽《えんがる》から列車に乗った。客車内はガラガラだったが、旭川駅で偉そうな軍人が乗り込んできた。山中さんとその軍人の目が合った。学生はすでに内地に戻っているはずである。軍人は山中さんにこう声を掛けてきた。

「学生さん、どうした？」

山中さんは電報を見せながら、経緯を説明した。そして山中さんは、このまま水戸に向かうべきか、それとも東京の家に戻って両親に挨拶してからでも良いかをその軍人に聞いた。

するとその軍人は、

「東京に帰りなさい。私が電報に一筆、書いてやるから」

と言ってくれた。軍人は、

「東部軍管区司令部へ行って、この電報を見せるように」

と付け加えた。

東京に着いた山中さんは、そのまま笹塚にある東部軍管区司令部へと赴き、言われた通りその電報を見せた。すると、その文面を読み始めた担当者が、やがて驚いた様子でいきなり電報に「敬礼」した。

「よほど偉い軍人さんだったのでしょうね。旭川には第七師団の師団本部もありましたから。しかし、結局、それが誰だったのか、今でもわかりません」

山中さんは世田谷の自宅に帰り、両親と共に一晩を過ごしてから、水戸へと向かった。

東部第三七部隊

山中さんの配属先は、東部第三七部隊だった。東部第三七部隊とは、水戸歩兵営にある部隊の総称で、主に留守業務を担当。部隊の動員や編成、補充などの軍務を担った。

ある日、水戸で「建物疎開」が実施されることになった。空襲時の延焼を防ぐため、一定の建物を撤去し、防火地帯を設ける措置である。山中さんたちには上官から、

「自宅に大工道具がある奴は帰って持ってこい」

との命令が出た。山中さんは日帰りで世田谷の自宅に戻り、ノコギリを持って部隊へと踵を返した。戦争末期、日本軍はこのような状態にまで追い詰められていたのである。

ノコギリを持った山中さんが水戸駅で列車から降りると、街の雰囲気がいつもと異なる。多くの人々が荷物を抱え、慌てた様子で移動している。

「どうしたんだ？」

と一人に聞くと、

「米軍が今日、水戸を空襲する」

という返答だった。空襲を予告するビラを米軍が撒いたという。山中さんは水戸の西部にある兵営へと向かって歩き出したが、その途次で本当に空襲が始まった。

何とか部隊に戻った山中さんは、そのまま「補助憲兵」として街の治安活動に出ることになった。

「街はほとんど丸焼けでしたね。何月何日だったかははっきりと覚えていませんが、八月の初めだったと思います」

記録によれば、八月二日に水戸は大規模な空襲に見舞われている。米軍が作成した「戦術飛行作戦報告書」には、水戸を標的とした理由として「常磐線の主要なサービスセンターで、その都市部は隣接する非常に重要な日立工場のための労働力供給源であり、また下請けの中心だった」と記されている。

この空襲により、水戸市は全域にわたって罹災。女性や子供を含む死者の総数は三〇〇人を超えたという。「建物疎開」は間に合わなかった。

「補助憲兵」としての治安活動は三日間に及んだが、その影響で足にマメができ、それがひどく化膿してしまった。結果、山中さんは中隊の事務仕事へと回された。

だが、間もなく終戦。山中さんはただ、

（やれやれ）

と思っただけだったという。

無念のレース

山中克巳さんが世田谷の自宅に戻ったのは、敗戦から二カ月後の一〇月だった。幸い実家に空襲の被害はなく、家族も無事だった。

やがて慶應義塾大学の授業も再開したが、戦時中に連合艦隊の司令部が置かれていた日吉キャンパスは、進駐軍に接収されていた。再始動となった競走部は、目白の学習院大学のグラウンドを借りて練習したという。

その内に「箱根駅伝が復活する」という情報が入り、競走部の士気は否が応にも高まった。山中さんが言う。

「私はそれまで箱根を走っていなかったので、復活の報はとても嬉しかったですね」

山中さんはまず、予選会である「関東大学高専一〇マイルチームレース」に出場。二〇番目くらいでゴールした。

昭和二一（一九四六）年の年末には、箱根塔ノ沢の「一の湯」で直前合宿が行われた。旅館には部のＯＢたちが訪れ、

「栄養を付けてやる」

とハムやソーセージなどを差し入れてくれた。そんな陣中見舞いの中には、進駐軍が放出

したという粉ミルクが大量にあった。部員たちは喜んでこれを飲んだが、その結果、何人かの部員が腹を下してしまった。不運にも山中さんもその一人だった。

結局、レース本番まで充分な食事を摂れなかった。レース当日の朝食も、一口か二口しか食べられなかった。

三区の山中さんは、戸塚の中継所で四番目にタスキを受け取った。走り始めた時、山中さんは身体が軽く感じられ、

（調子が良い）

と思ったという。

（最初の一キロくらいはウォーミングアップのつもりで入ればいい）

と冷静に考えていた。

しかし、その後、どうもペースが上がらない。

藤沢の遊行寺の坂を下った辺りで、中央大学に追い付かれ、そのまま抜かれた。沿道の店舗のガラス窓に映る自分の姿を確認すると、いつもの自分のフォームではないことがわかった。次第に身体が鉛のように重く感じられ、目もかすんできた。

すると、「戦時下の箱根駅伝」の時と同様、サイドカーに乗って伴走していた監督の竹中

正一郎が、

「これを食え」

とリンゴを手渡してくれた。しかし、顎に力が入らず、咀嚼することさえできない。その後もパンや握り飯を渡してもらったが、飲み込むことができなかった。それでも必死に中大を追おうとする山中さんに対し、竹中がこう声を掛けた。

「もう追うな。その代わり、必ずタスキを繋げろ」

その後、日本大学にも抜かれた。それ以降のことは、ほとんど覚えていない。結局、中継所に辿り着いた時、慶大は八位まで順位を落としていた。

「走り終えた時には、どのような心境だったのでしょうか」

答えにくいであろう私の問いに対し、山中さんは、

「いやあ、たくさん泣いちゃったねえ」

と言って少し俯いた。

ちなみに、山中さんは翌年の第二四回大会にも出場。この時には六区を走り、区間三位という見事な好走を見せている。しっかり雪辱を果たしたのであった。

岡山大空襲を経て

レースは四区が終わった時点で、一位に明治大学、二位に中央大学、三位に東京文理科大学という順位だった。

明大の五区を走ったのは、岡正康である。

岡は大正一三（一九二四）年生まれ。岡山県倉敷市の出身である。実家は醤油醸造業を営んでいた。

倉敷商業（現・岡山県立倉敷商業高等学校）に進学した岡は、その在学中から俊足で鳴らした。同校卒業後に最初に進学したのは、明大ではなく日本大学である。しかし、昭和一九（一九四四）年に陸軍に入隊した。

岡山の歩兵第一〇連隊の機関銃中隊にいた時、岡山大空襲に遭遇。昭和二〇（一九四五）年六月二九日のことである。

深夜の午前二時四三分から始まったこの空襲は、約一四〇機ものB29爆撃機によって行われた。

当初、米軍は戦略爆撃の予定を立てていたが、実際に強行されたのは焼夷弾による無差別爆撃だった。使用された焼夷弾は、約八九〇トンにも達したと言われている。対する日本側には一機の迎撃機もなく、一発の高射砲の応戦もなかったという。

およそ二時間に及んだこの空襲により、市街地の実に約七三パーセントが焦土と化した。県庁や市役所が全焼した他、岡山城の天守閣や蓮昌寺の伽藍といった文化財も焼失。犠牲者の数は、一七〇〇人以上に及んだという（二〇〇〇人以上という説も有り）。負傷者は六〇〇〇人以上、被災者の数は一〇万人を超えた。

そんな中、岡は生きて終戦を迎えることができた。

復員した岡は、すぐに地元で陸上の練習を再開。しかし、走っていると周囲からこんな声が浴びせられたという。

「戦争に負けたのに、なんでマラソンなんかするんですか。一銭の得にもならないのに」

それでも岡は練習を継続した。岡は当時、こう思っていたという。


〈戦争には負けたけれど、今度は鉄砲をスポーツにかえて、アメリカと国際競技をやる時代がきたんだ〉（『箱根駅伝70年史』関東学生陸上競技連盟）

昭和二一（一九四六）年、岡は再び上京。しかし、日大のあった千代田区も無惨な焼け野原となっていた。

その後、とある先輩から、

「明治に同郷の戸田君が来ているから、来るか」

と誘われた。「戸田君」とは、先に紹介した戸田省吾のことである。戸田も岡山県の出身だった。この勧誘を受けた岡は、

（そうだなあ。でもやっぱり駅伝は日大が強いからなあ）

と思いながらも、明大の受験を決意。結果、試験に合格し、入学を決めたのだった。

明大のグラウンドが畑に変貌していた様子は、戸田の稿で既述している。岡は戸田と共にグラウンドの整備に汗を流した。

変わったのはグラウンドだけではなかった。東京の街全体に極度の貧困が溢れていた。岡は敗戦後の東京の光景をこう描写する。


〈上野の山には大人の浮浪者にまじって、家なき子（戦災孤児、引き揚げ孤児たち）が群れをなしており、物ごい、モク拾い、靴磨き、果ては盗みを働くなどで、大きな社会問題となっていました。時には、栄養失調のためか、行き倒れの死体も見かけたことを覚えています〉

（同誌）


岡は日々の練習に打ち込んだ。時にはグラウンドを出て、部員揃って銀座を走ったりした。

「ヨイショ、ヨイショ」

などと声を合わせて、銀座のど真ん中を駆け抜けたという。

そんな中で迎えた復活大会であった。

五区のコースでは、小涌谷より上の道路で大規模な補修工事が行われており、選手たちにとっては想定を超える悪条件となったが、岡は臆することなく急坂を駆け上がった。

岡は首位をキープしたまま、往路のゴールである箱根郵便局前へと姿を現した。一区を走った戸田の汗も染み込んだ「淡い紫紺」のタスキは、首位でゴールへと運ばれた。

明大の見事な往路優勝だった。

四年ぶりの山下り

翌五日、箱根の街並みは美しい雪化粧に彩られていた。

スタート時の天気は晴れていたが、気温は零下九度。冷たく乾いた風が、選手たちの肌を刺すようにして渡った。

午前七時、復路が始まった。往路の結果を反映しての時差スタートである。

GHQのジープは復路にはいなかった。往路のみを見学して戻ったようだった。

六区の山下りには、「戦時下の箱根駅伝」でも同じくこの区間を走り、見事に区間賞を獲得した専修大学の佐藤忠司の姿があった。中学時代に箱根駅伝を沿道で観戦し、大学駅伝の世界に飛び込んだ佐藤が、戦争を経て箱根に戻ってきたのである。

佐藤も戦時中には二一歳で陸軍に入隊。ちなみに、専大のチームメイトでは、七区を走った柴崎雄二郎が歩兵第七三連隊（朝鮮第八五〇二部隊）、九区の谷河神一が歩兵第三四連隊の留守部隊である中部第三部隊へと進んでいた。

佐藤は終戦後、無事に復員を果たし、経済学部に復学した。

そんな佐藤が、再び箱根の山下りに挑んでいた。四年ぶりとなる箱根路を、佐藤はどのような気持ちで走ったのであろう。

復活大会での佐藤の記録は、区間五位という成績だった。戦時下の大会で見せたような驚異的な走りを披露することはできなかったが、それでも彼の胸中には記録の良し悪しを凌駕するさまざまな思いが去来していた。佐藤は戦後にこう記している。

〈あの激動の時代をのりこえ、復員、復学した。終戦後の暗い世相の中で箱根駅伝は復活した。（略）私にとって青春の思い出となり、以後の各種駅伝大会の糧となったのである〉（『箱根駅伝70年史』関東学生陸上競技連盟）

佐藤にとっての復活大会とは、戦時下の区間賞よりも心に残るものであったのかもしれない。

「昭和の名将」の戦争体験

中央大学のアンカーは平井文夫だった。

丸亀商業から鳴り物入りで中大に進学し、「戦時下の箱根駅伝」では一〇区を快走。見事に区間賞を獲得した。

後に改姓し、彼の姓名は西内文夫となる。言わずと知れた「昭和の名将」である。

そんな彼も「戦時下の箱根駅伝」の後、例に漏れず学徒兵となっていた。

昭和一八（一九四三）年一一月八日、平井は香川県高松市の県庁で徴兵検査を受けた。結果は甲種合格。一二月一日、西部第三二部隊に入隊した。

西部第三二部隊とは、丸亀を衛戍地とした歩兵第一二連隊が満洲に移駐した後に編成された歩兵第一一二連隊のことを指している。動員令が下ったのは昭和一六（一九四一）年九月二六日。総勢三千有余名をもって編成された。上級師団は第五五師団である。

そんな西部第三二部隊の一員となった平井だが、彼はその後、幹部候補生の試験に合格。昭和一九（一九四四）年四月、晴れて甲種幹部候補生となった。

五月、熊本陸軍予備士官学校に入校。陸軍伍長に昇格し、予備役将校となるための高度な教育を受ける日々へと入った。七月には陸軍曹長に任じられている。

しかし、九月九日、霧島演習場で戦闘射撃演習をしている最中に「南方総軍への転属」という命令を受け取った。その命令は、昭南島（シンガポール）への転属を伝える内容だった。

転属への準備中、区隊長からはこんな訓話があった。

〈戦況は容易ならん状況である。諸君は南方へ送る最後の将校である。必ず生きて南方に到着することを祈る。しかし事実は南方に向かう輸送船の六割ないし七割が台湾沖で海没している。万一の時は下士官・兵を先に避難させ、しかる後に遭難する事。間に合わない時は、将校生徒として恥じぬよう潔く死につけ。只今よりその時の切腹の作法を教える〉（『陸上人生六十五年　西内文夫回顧録』）

区隊長はそう言って扇子を取り出し、腹を切る際の手本を見せたという。

九月二一日、平井は軍艦「山城」に乗艦。広島県呉市の軍港から昭南島へと向かった。一〇月一日、昭南島のセレター港から上陸。昭南兵站宿舎の南兵営に入営した。

同月二〇日、平井はマラッカ海峡に面した港町であるポートディクソンに駐留する南方軍下士官候補者隊に編入された。同隊は第七方面軍の直轄部隊である第七方面軍軍政監部に所属。平井はここで、主にジャングルでの戦闘に関する教育などを受けた。

ビルマの戦い

昭和二〇（一九四五）年三月三一日、南方軍下士官候補者隊を了した平井は見習下士官に任じられ、最激戦地のビルマ戦線に派遣されることが決まった。

ビルマ戦における日本軍は苦戦を重ね、物資が極端に欠乏する中で餓死や戦病死する者が相次いでいた。前年の三月から七月まで断行されたインパール作戦では歴史的な大敗を喫し、多くの将兵が戦没。亡骸の連なった山道は「白骨街道」と呼称された。

インパール作戦後の日本軍は、ビルマ中部のマンダレー付近のイラワジ川まで後退。その後も補給が機能不全に陥り、極度の劣勢が続いていた。

そんな中で前線に立った平井だが、もはや銃も三丁に二丁は銃口が錆びて使用できないような状況だった。一方、連合軍からの絶え間ない爆撃は苛烈を極めた。

そんなビルマの地で、平井は敗戦を知った。その報に触れたのは、終戦から五日後の八月二〇日のことであった。平井は、日本の敗戦が信じられなかった。

平井の所属連隊は、戦闘状態のまま終戦の詔勅を拝受し、連隊旗を奉焼した。

このビルマ戦を通じて、日本軍は延べ三〇万人以上もの将兵を前線に送り込んでいたが、この内、戦没者の総数は約一八万五〇〇〇人。実に六割以上という極めて高い死亡率であった。

しかし、平井にとっての戦争はまだ終わらなかった。平井の所属部隊が武装解除に応じたのが九月二〇日。だが、翌一〇月以降、平井は収容所での捕虜生活を余儀なくされたのである。

英国軍を主体とする東南アジア連合国軍は、ビルマで降伏した日本の軍人を国際法に基づく「戦争捕虜」の対象外とし、新たに「降伏日本軍人」という枠を設ける形で抑留。極めて人種差別的な報復行為に及んだ。

この抑留中の生活に関し、平井は戦後、多くを語っていない。ただ、

〈食料は一日二合の米しかなく、炎天下の復興作業は想像を絶する苦しみだった〉（『陸上人生六十五年　西内文夫回顧録』）

と記しているのみである。

しかし、他の帰還者の証言や記録によると、建設工事、道路工事、土木作業、埠頭での荷役、糞尿処理などの重労働に裸同然で駆り出され、屈辱的な暴力や虐待を日常的に受けたという。平井は食事の配給量を「一日二合の米」と書いているが、記録によればその半分はアタ粉（全粒粉）だったとされる。

「二合」と言えば「約三〇〇グラム」だが、収容所側の記録には一日分の食料の規定として「一〇オンス（約二八三・五グラム）」と記されており、平井の回想とほぼ一致する。いずれにせよ、成人男性が必要とする摂取量には遠く及ばず、抑留者たちはいつも「顔が映るよう

な雑炊」を啜っていたという。

やがて、平井はマラリアに罹り、生死の境を彷徨った。蚊の多い地域であったが蚊帳が用意されることもなく、マラリアの蔓延は深刻だった。

虜囚の身から解放され、平井が帰国できたのは、昭和二一（一九四六）年の九月である。平井の身体は衰弱し切っており、三年前の出征時に七三キロあった体重は、三七キロにまで減っていたという。肋骨を浮かせていたに違いない。

この抑留生活で亡くなった者の数は、一六二四名に及ぶ。

復員した平井は、中央大学陸上競技部のOBである森田重利から「復部」を奨められた。心身ともに困憊していた平井だったが、次第に彼の中で陸上への熱き思いが再び沸き立っていった。

こうして臨んだ箱根の復活大会だった。平井は「戦時下の箱根駅伝」の時と同じ一〇区を任された。

しかし、平井の体調はまだ恢復していなかった。マラリアの後遺症で、たびたび発熱するような状態が続いていたのである。

（完走できないのではないか）

そんな不安を抱きながら迎えた四年ぶりの一〇区だった。

レース前日にも熱が出た。そして、やはりというべきか、レース中にも高熱が彼を襲った。

それでも、平井は諦めることなく、ありったけの力でゴールを目指した。

平井は後にこう語っている。

〈人生でいちばんつらいレースでした。でも、生きてまた走れる幸せを、人に譲ることはできなかった〉（『箱根駅伝を10倍おもしろく見る本』日本テレビ駅伝プロジェクトチーム）

身体的には苦しかったが、平井の心中には「生きて走れる喜び」が溢れていた。「走れるだけで最高の気分」だったという。

後に中大陸上競技部の監督に就任し、箱根駅伝を八度も制覇する「昭和の名将」にも、凄烈な戦争体験があったのだった。

一八年ぶりの優勝

最終一〇区をトップで走っていたのは明治大学だった。往路を首位で終えた明大は、その順位を復路でも守り続けていた。

アンカーの一〇区を任された田中久夫は、本来はスキーの選手だった。そんな田中が力の限りを尽くしてゴールを目指す。

四年前と異なり、ゴール地点は靖國神社ではなく読売新聞社前である。ゴールの周辺には大観衆が詰め寄せ、車道に群衆がなだれ込むような状態だった。

田中は観衆をかき分けながら、転げ込むようにしてゴールした。

明大にとって、実に一八年ぶりとなる栄冠であった。

二位に入ったのは中央大学だった。平井文夫は発熱に苦しみながらも、区間三位の記録で中大を二位に導いた。『中央大学陸上競技部八十年誌』には、こう記されている。


〈平井にとって先頭の明大と二分十八秒は射程距離範囲内であったが、戦場で病んだマラリヤに苦しみ、明大を視界に捉え、五十七秒差にまで追い込んだものの僅かにおよばず、優勝を逃がした〉

順位と総合タイムは以下の通りである。

一位	明治大学	一四時間四二分四八秒
二位	中央大学	一四時間四三分四五秒
三位	慶應義塾大学	一四時間五二分三二秒
四位	早稲田大学	一四時間五八分〇八秒
五位	専修大学	一五時間一一分五三秒
六位	日本大学	一五時間二六分三六秒
七位	東京文理科大学	一五時間二七分一二秒
八位	神奈川師範学校	一五時間二九分四五秒
九位	東京体育専門学校	一五時間三二分一六秒
一〇位	法政大学	一五時間四二分五五秒

戦前戦中に圧倒的な強さを見せた日大は、先頭争いに絡むことができず、六位という不本意な成績に終わった。

レース終了後、関東学連のメンバーたちは、ＧＨＱに御礼の言葉を伝えに行った。その際、

ＧＨＱの関係者たちからは、

「日本には素晴らしい競技があるんだな」

といった賞賛の言葉が相次いであがったという。

箱根駅伝という優れた文化装置の中で映し出された日本人の「和」の心が、彼らにも通じたのであろう。

復活大会での若者たちの走りは、復興への確かな足音だった。

公式記録への認定

昭和一八（一九四三）年一月に開催された「戦時下の箱根駅伝」は、「主催者が関東学連ではなく大日本学徒体育振興会だった」といった誤った認識が流布したため、戦後しばらく「別大会」という位置付けとなった。

これは、関東学連が昭和一七（一九四二）年六月に正式には解散していたことや、日本学生陸上競技連合が大日本学徒体育振興会に改組されていたことなどから生まれた誤認であった。延いては「あの大会は軍部が主催した」といった明らかに間違った情報まで、まことしやかに流れるような状況だった。このような事態が生起した点に

読売新聞ビルにあるゴールライン

関し、関東学連副会長兼総務委員長の日隈広至さんは、次のような背景を付け加える。

「昭和一八年の大会は、開催するための名目として『戦勝祈願』という言葉を掲げておりましたので、関東学連としても『戦争協力』と受け止められてしまうことを回避したいという心理が働いたのではないかと思います。それで『別大会扱い』にしておいたのかもしれません」

しかし、その後、公式プログラムや優勝楯の発見、そして、当時を知る者たちの証言などにより、昭和一八年大会の主催者が関東学連であることが明確に証明されたのである。

当時の公式プログラムには大会の主催者として「関東学生陸上競技連盟」としっかり印字されている。優勝楯に記されていた「ＫＧＲＲ」という文字も、有力な決め手の一つとなった。

その結果、「昭和一八年大会を箱根駅伝の正式な大会として認めよう」という意見が強まったのは、当然の帰結であった。

昭和三五（一九六〇）年、関東学連は昭和一八年大会を「第二二回大会」として公認。それまでの記録では、第一回の青梅大会を第二二回大会とし、第二二回青梅大会は大日本学徒体育振興会の主催として別大会扱いとされていたが、これを「昭和一八年大会が第二二回大会」という見解で統一した。片や青梅大会は二大会とも「別大会」の扱いとされた。
「昭和一八年大会」を「追加」するのではなく「第一回青梅大会と差し替える」という措置を採ったため、戦後の大会数がずれ込んで変更されるという最悪の事態は回避することができた。

こうして「戦時下の箱根駅伝」は公認の大会となり、「青梅大会」は「幻」となったのである。

それでも、資料の混乱はその後も続き、例えば昭和五三（一九七八）年に刊行された山本邦夫著『箱根駅伝60年』でも、第二二回大会として第一回青梅大会の記録が掲載されている。同著では昭和一八年大会は「主催が関東学連でなかったため公式の大会ではない」という旨が記されている。しかし、これは明確な事実誤認である。

平成元（一九八九）年に関東学連が発行した『箱根駅伝70年史』には、当時の幹部などによる座談会の様子が掲載されているが、第二二回大会の扱いについて語られた箇所がある。以下、その一部を抜粋するが、「司会」とあるのは関東学連評議員の廣瀬豊、「山本」は埼玉大学教授で先に紹介した『箱根駅伝60年』の著者である山本邦夫、「佐原」は関東学連参与の佐原東三郎、「西條」は関東学連幹事経験者の西條政のことをそれぞれ指している。

〈司会　そうすると山本先生、この大会はやはり箱根駅伝として残すべきでしょうか。
山本　残すべきですね。
佐原　回数に入れるか入れないかをどうするかだね。
西條　回数は22回と、最近のプロにはきちっと書いてありますよね。
佐原　昭和22年が23回、すると昭和18年が22回になる訳ですか。そうすると青梅を抜かして、これが箱根まで行ったから、これを22回に入れたんですね。それはまあ穏当かもわからないですね。
司会　青梅は「箱根」ではないからね。
佐原　青梅を外してこれを22回に入れるということが正しいですね、これは。
司会　青梅はあくまでも代わりにやったというだけで、箱根駅伝ではないですね〉

山本が自身の著作から一〇年以上の歳月を経て、認識を改めた様子が窺える。

前述の日隈広至さんは、この辺りの経緯についてこう説明する。

「二度の青梅大会を正式に『箱根駅伝』として認めようという声もあったようです。しかし、

『箱根を走っていないのだから、やはり箱根駅伝とは言えない』ということで『別大会扱い』で落ち着いたと聞いています」

平成二八（二〇一六）年の時点で、箱根駅伝の通算優勝回数は中央大学の一四回が最多記録となっている。以下、早稲田大学の一三回、日本大学の一二回と続く。しかし、二度の青梅大会を連覇している日大としては、この二回の優勝を加えれば中大と並んでトップに立つことになる。この点について、日大の名伯楽こと水田信道さんは泰然とこう語る。

「まあ、それは仕方ないですよ。走ったのが青梅なのだから、やはりあの大会は箱根駅伝とは言えないでしょう。これから優勝回数を増やして、中大を抜けばいいだけの話です」

慶應義塾大学・児玉孝正さんの戦後

「戦時下の箱根駅伝」で慶應義塾大学の四区を走った児玉孝正さんは、戦時中は海軍の旅順方面特別根拠地隊に赴任。その後、日本に戻り、米軍の相模湾上陸作戦に備えている間に終戦を迎えた。

その後に復員を果たした児玉さんだが、空襲により東京の実家は跡形もなく焼失していた。実家は児玉さんの生まれた品川区大井から渋谷区の幡ヶ谷に移っていたが、その家が完全に灰燼に帰していたのである。

「私の家だけでなく、その周囲も何もなくなっていました。どこが自分の家だったか、それさえもわからないくらいでした」

総務省によると、渋谷区が空襲を受けたのは、昭和一九（一九四四）年一一月から昭和二〇（一九四五）年五月までの間に計一二回だという。その中でも、昭和二〇年五月二四日から二五日にかけての空襲が、最も甚大な被害を生んだ。二日間に及ぶB29の焼夷弾攻撃により、渋谷区の約七七％が焼き尽くされた。この空襲は俗に「山の手大空襲」と呼ばれる。

渋谷区だけで約九〇〇人もの死者が発生した大空襲だったが、児玉さんの家族は疎開していたため無事だった。

「それからは、自分がどう生きるかで精一杯でした。一応、慶應に籍はありましたが、もはや学業どころではなかったですね。陸上競技からも完全に離れてしまいました。『生きるために何をすればいいのか』を考えることが、すべての出発点でした」

住む場所を失った児玉さんは、ひとまず友人の家に居候した。その後に大学は卒業したが、どうやって生計を立てていくべきか、深く悩む日々だった。

そんな戦後という激動のうねりの中で、慶大の同級生の中に「ハワイアンバンド」をやっているという変わり者がいた。その友人は、幼稚舎からの同級生だった。

この友人の名を大橋節夫という。後に「日本のハワイアン音楽の草分け」となる人物である。児玉さんは大橋が率いるバンドのマネージャーとなった。大橋らと共に、各地の進駐軍の基地などを精力的に回った。

ある時、バンドのクラス分けをする審査会が催された。当時、東京宝塚劇場が進駐軍専用の「アーニー・パイル劇場」へと改変されていたが、そこで審査が行われた。

「この審査会で、私たちは最高ランクの『スペシャルA』を獲得できました。これによって仕事は増え、ギャラも上がりました」

児玉さんはその他にジャズバンドのマネージメントなども手掛け、こちらも「スペシャルA」のランクを獲得。しかし、その後に児玉さんは音楽業界から離れた。

次に目を付けたのは自動車だった。個人で輸入車を取り扱う事業を立ち上げた児玉さんは、波瀾に充ちた戦後社会をこうして生き抜いた。

戦前の生粋の「慶應ボーイ」である児玉さんは、九二歳になった今も、その言葉遣いや仕種に洒脱な雰囲気を漂わせる。

箱根駅伝については、二度と戻らない時間を愛おしむようにして次のように追憶する。

「戦時下というあのような時代の中で、よく開催できたと思います。自分の人生を振り返ってみても、大きなイベントとして記憶されています。忘れられませんね。本当に輝かしい青春の一ページです」

今でも正月には、箱根駅伝のテレビ中継を欠かさず観ているという。

「しかし、母校の姿がないのは淋しいですね」

老紳士はそう言って軽妙に微笑んだ。

東京農業大学・百束武雄さんの戦後

満洲の大連で生まれ、東京農業大学で「戦時下の箱根駅伝」の五区を走った百束武雄さんは、戦時中は弘前経理部や陸軍糧秣本廠などで軍務に就いていたが、敗戦後の昭和二〇（一九四五）年九月に除隊。翌一〇月に母校である農大に復学した。

南青山六丁目に部屋を借り、人生の再出発を期した。農学部の三年生から改めて学ぶことにした。

こうして再開した学生生活だったが、戦時中に患った胸膜の影響で、陸上競技は諦めざるを得なかった。その一方、百束さんは在学中に祐天寺で「おでん屋」を開業した。

「陸軍の乾燥味噌の缶に、おでんを入れましてね。当時は飲食の需要が一番ありましたから。横浜の中華街なんかで具材を仕入れてきて、それを缶に詰めて売りました」

百束さんが続ける。

「当時は酒も自由に売れない。しかし、私は戦時中に陸軍の糧秣廠にいたでしょう？　それで思い出したのが、理研の『利休』という合成酒。これを誰が何本持っているというのを知っていましたから、そこを訪ねて買ってくるわけです。そして、その合成酒を少しだけ薄めて売る。当時は『金魚酒』なんていう言葉があるくらいで、これは『金魚が泳げるくらい薄い酒』という意味。つまり、まともな酒がない。そんな時に、私の店では割合しっかりとした酒を出していましたから、これがよく売れました」

戦争が終わっても、日本は激動と混迷の中にあった。

「それから、理研のウイスキーを仕入れて、アメリカの黒人兵たちが集まる芝浦の酒場なんかに持って行って、セーターなどの衣服と交換するんです。とにかく、稼がなければ生きていけないわけですからね。必死でしたよ」

在学中に良き伴侶も得た。

その他、進駐軍のダンプカーやトレーラーの運転手もした。戦時中に陸軍機甲整備学校で運転の技術を身に付けていたのが役に立った。

こうして、百束さんは敗戦直後の混乱期を、逞しく生き抜いたのであった。

その内、大連にいた家族も無事に引き揚げてきたが、所有していた土地や家屋などの財産は没収されていた。

「しかし、生き残ることができた私たちなどは、運が良かった方でしょうね」

九三歳の百束さんは、静かにそう呟く。

農大卒業後は、冷凍食品の会社に就職。その後、東京都水産業会を経て、東京都漁業協同組合連合会で働いた。

その傍ら、かつて満洲でやっていたアイスホッケーにも改めて挑戦した。

「胸膜の影響で陸上は断念しましたが、アイスホッケーは陸上よりも上下運動が小さいため、内蔵への負担が少ないんです。それでアイスホッケーを再び始めました。陸上で下半身が鍛えられていたおかげで、滑るスピードは速かったですね。下手な技術をスピードでカバーしていました」

そう謙遜する百束さんだが、その経歴は大変なものである。全日本アイスホッケー選手権にも出場し、東京都スケート連盟常務理事などの要職を歴任。日本のアイススケート界の発展に大きく貢献した。

見えないタスキ

改めて考えてみると「戦時下の箱根駅伝」を走り、生きて戦後を迎えることができた方々の中には、スポーツ実況のアナウンサーや経済評論家、植物に関するユニークな研究者、そしてハワイアンバンドのマネージャーにアイスホッケーの名選手と、実に個性豊かな生涯を送られた方が多い。

さらに、慶應義塾大学の補欠選手だった小森宮正悳は、戦時中は「飢餓の島」で多大な苦難を味わったが、戦後に新たに始めた「水上スキー」の分野で日本の第一人者として活躍。世界水上スキー選手権大会に日本人として初めて出場を果たすなど、輝かしい成績を残した。「日本で最初に水上スキーをした男」として、その名は刻まれている。

それだけでなく、小森宮は映画雑誌「SCREEN」のロサンゼルス特派員として、ハリウッドの人気俳優や女優にインタビューする仕事にも従事。その後、実家の貴金属地金商を継ぎ、東京オリンピックや札幌オリンピックの際には公式メダルの製造にも協力した。その他、「錬金術」に関する著作も残している。戦争を衷心より厭い、子供をつくらなかったことは前述した通りである。

ともあれ、何故「戦時下の箱根駅伝」の出場者の中から、このように個性溢れる方々が多く輩出されたのであろう。

それは、志半ばにして戦地に散華した先輩や同僚たちの分まで、戦後社会を懸命に走ろうとした意志がもたらした結果だったのではないだろうか。戦没者たちから託された「見えないタスキ」を胸に、駅伝で培われた使命感や責任感を精神的支柱として全力疾走したのが、彼らの生き様だったのではないか。

選手としては陸上競技から離れた東京農業大学出身の百束武雄さんだが、指導者という役回りではその後も駅伝に関わった。母校である農大陸上競技部の監督を務め、昭和三九（一九六四）年には見事にチームを箱根駅伝の本戦に導いている。

「今でも箱根駅伝はテレビで観ますか？」

児玉孝正さんにも訊ねた問いを、百束さんにもぶつけてみた。百束さんは淀みない口調でこう答えた。

「そうですね。やっぱり観ますね。農大は出たり出なかったりですけれど、それでも毎年、観ていますよ」

戦前の凛々しさを湛える表情が、ほのかに緩んだ。

児玉さんもそうだった。箱根駅伝のことを語る際、二人は似たような笑顔を浮かべた。あの遠い冬の日の記憶が、二人の心に温もりを生じさせた結果であろう。

その笑みは、箱根の山々を渡る風のように爽快だった。

あとがき――山河に駅伝ありて

「『死ぬ気で走れ』ではなく、『死んで走れ』。死んだらもう苦しくないんだから」

かつて日本大学陸上競技部の指導者として「名将」と謳われた水田信道さんの激しい言葉が飛んだ。

平成二七（二〇一五）年九月三〇日、世田谷区桜上水にある日大の練習グラウンド。膝を抱えながら話に聞き入る部員たちの表情に、一層の緊張感が漲った。

その日は、箱根駅伝（東京箱根間往復大学駅伝競走）の予選会を走るエントリーメンバーが発表される日だった。直近の第九一回大会で総合一三位だった日大は、本戦に出場するには予選会を通過する必要があった。

「本当は日大が予選会などに出てはいけない」

水田さんの言辞が、選手たちの心を揺さぶっていた。

創部以来の日大の伝統を考えれば、この言葉は極めて重い。

それから約三カ月後、第九二回となる箱根駅伝を、私は四区の沿道で観戦した。

新春の清々しく澄んだ空気の中、選ばれし若者たちが次々に目の前を走り去って行く。メトロノームのようにリズム良く収縮する四肢の筋肉が、周囲に精気を放つ。清新な血液が、その健脚を巡る。

前方を見据える精悍な表情は、通り過ぎてもなお、眼窩の奥に強い印象を残す。

沿道からの歓声は、戦前から連なる響き。観ている者たちは、走者の姿に自らの生き様を投影させる。誰もが「見えないタスキ」を掛けながら、それぞれの人生を走っている。だからこそ、人は駅伝に魅了される。タスキとはさながら輪廻そのもののようでもある。

色合いも美しい。早稲田大学の蛯茶、明治大学の紫紺、中央大学の赤。いずれも毅然として

選手を激励する水田信道さん

いて、なお且つ奥ゆかしい。日本大学のピンクも、順調に私の目の前を通り過ぎて行った。戦後に咲いた新色も悪くない。山梨学院大学のプルシアンブルー、帝京大学のファイヤーレッド、東海大学のスカイブルー、大東文化大学のライトグリーン。どれも躍動感があり、明朗である。

七三年前、慶應義塾大学の児玉孝正さんが駆け抜けた道を、色とりどりのタスキが流れていった。

「タスキの重み」とはよく言われる表現である。しかし、この言葉の意味は一つの大会だけを指すものではない。

タスキには、先人たちの無数の哀歓が詰まっている。

生と死の物語が染み込んだ幾つものタスキによって、箱根駅伝という一枚の布地は編み込まれている。

その凛とした布は、瑞穂の国の正月をこれからも彩り続けるであろう。

平成二八年九月八日

早坂　隆

第2区	第3区	第4区	第5区
第7区	第8区	第9区	第10区
②2.41.22	①3.58.47	⑥5.27.39	②6.58.28
❷山田 久一 1.14.53	❷河村 義夫 1.17.25	❾古谷 清一 1.28.52	❷杉山 繁雄 1.30.49
③9.35.17	②10.56.14	③12.17.09	①13.45.05
❻山手 学 1.20.16	❷平松 義昌 1.20.57	❺横田 文隆 1.20.55	❷永野 常平 1.27.56
④2.43.35	②4.00.34	①5.21.39	①6.52.43
❸広橋 実 1.15.06	❶狩野 英常 1.16.59	❻児玉 孝正 1.21.05	❸岡 博治 1.31.04
①9.34.05	①10.55.18	②12.15.03	②13.47.51
❶落合 静雄 1.18.18	❸伊達 博 1.21.13	❹高島 陽 1.19.45	❹荘田 恒雄 1.32.48
⑥2.47.43	⑥4.06.02	⑤5.25.29	③6.58.45
❻松本 敏雄 1.17.37	❹石黒 信男 1.18.19	❹渡辺 正義 1.19.27	❹佐藤 国夫 1.33.16
②9.34.43	③10.56.33	①12.14.59	③13.51.55
❼山崎 英丸 1.20.25	❹小池 秀治 1.21.50	❸藤田 栄 1.18.26	❺浜田 嘉一 1.35.56
⑦2.50.58	⑧4.15.03	⑧5.40.46	⑤7.09.36
❼藤原 暁 1.18.23	❽高橋 喜太郎 1.24.05	❼貞松 通義 1.25.43	❶末永 包徳 1.28.50
⑤9.49.16	⑤11.12.56	⑤12.29.25	④13.54.46
❺山脇 寿太郎 1.19.37	❻滝口 行雄 1.23.40	❶増田 博 1.16.29	❶平井 文夫 1.25.21
⑤2.44.20	④4.05.21	④5.24.24	④7.04.47
❺菅原 善次 1.17.28	❻清水 喜平 1.21.01	❷千葉 久三 1.19.03	❺遠藤 信二 1.40.23
④9.42.05	④11.04.54	④12.27.29	⑤14.15.11
❸森 茂雄 1.19.11	❺本多 岩根 1.22.49	❻大熊 律夫 1.22.35	❽内藤 信雄 1.47.42
①2.40.23	③4.04.25	③5.23.42	⑦7.18.10
❹森田 寿 1.15.19	❼高橋 和民 1.24.02	❸草下 英明 1.19.17	❾大野 信男 1.54.28
⑦10.07.04	⑥11.30.46	⑥12.55.25	⑥14.35.12
❾高橋 豊 1.29.22	❼土田 洋一 1.23.42	❼曽根 雄 1.24.39	❼酒井 八郎 1.39.47
⑧2.53.01	⑦4.11.18	⑦5.32.09	⑥7.12.45
❽蝦名 邦隆 1.19.57	❸金尾 勇 1.18.17	❺遠藤 実 1.20.51	❾大西 弘 1.40.36
⑥10.02.20	⑦11.31.54	⑦13.00.36	⑦14.37.24
❽稲岡 雅雄 1.26.56	❾和田 和男 1.29.34	❿熊代 京治 1.28.42	❻岡崎 俊芳 1.36.48
③2.43.02	⑤4.05.35	②5.22.14	⑨8.04.28
❶徳山 英雄 1.14.03	❻西川 尚淳 1.22.33	❶福士 英雄 1.16.39	⓫二見 敏進 2.42.14
⑧10.37.18	⑧11.56.46	⑧13.13.57	⑧14.45.05
❷柴崎 雄二郎 1.18.27	❶金嶋 達洙 1.19.28	❷谷河 神一 1.17.11	❸広田 俊雄 1.31.08
⑨2.55.03	⑨4.19.51	⑨5.48.18	⑧7.34.43
❾堀野 良雄 1.21.45	❾伊藤 博 1.24.48	❽脇野 省三 1.28.27	❼百束 武雄 1.46.25
⑨10.50.42	⑨12.18.11	⑨13.49.35	⑨15.45.49
⓫宇賀 豊 1.39.41	❽石本 貢 1.27.29	⓫中山 与志弘 1.31.24	❿団野 拓 1.56.14
⑩3.10.00	⑩4.42.35	⑩6.22.13	⑩8.25.30
❿山本 雅男 1.28.27	❿森田 肇 1.32.35	⓫三橋 浩 1.39.38	❿小梨 豊 2.03.17
⑩11.11.01	⑩12.52.50	⑩14.18.54	⑩16.16.57
❹後藤 弘春 1.19.25	⓫倉持 凡康 1.41.49	❽佐藤 寿郎 1.26.04	⓫三上 晃 1.58.03
⑪3.28.40	⑪5.06.00	⑪6.39.03	⑪8.26.56
⓫松田 暢 1.41.27	⓫新井 允得 1.37.20	❿鈴木 勝三 1.33.03	❽江本 三千年 1.47.53
⑪11.40.22	⑪13.20.58	⑪14.48.53	⑪16.41.59
❿山崎 和一 1.33.58	❿塩足 俊郎 1.40.36	❾山口 良正 1.27.55	❾内山 利春 1.53.06

❶、❷…区間順位

資料1　箱根駅伝第22回（昭和18年）大会の記録

学校名	総合タイム	往路タイム 復路タイム	第1区 第6区
日本大学	① 13.45.05	②6.58.28	②1.26.29 手島 弘信　1.26.29
		③6.46.37	②8.15.01 ❸成田 静司　1.16.33
慶應義塾大学	② 13.47.51	①6.52.43	④1.28.29 寺田 充男　1.28.29
		⑤ 6.55.08	③8.15.47 ❽須藤 直良　1.23.04
法政大学	③ 13.50.55	③ 6.58.45	⑥1.30.06 立花 通夫　1.30.06
		④6.52.10	①8.14.18 ❷武田 清　1.15.33
中央大学	④ 13.54.46	⑤ 7.09.36	⑦1.32.35 村上 利明　1.32.35
		② 6.45.10	⑤8.29.39 ❷武田 晋　1.20.03
東京文理科大学	⑤ 14.15.11	④ 7.04.47	③1.26.52 佐上 清　1.26.52
		⑥ 7.10.24	④8.22.54 ❹渡辺 福太郎　1.18.07
立教大学	⑥ 14.35.12	⑦ 7.18.10	①1.25.04 伊藤 彦一　1.25.04
		⑦ 7.17.02	⑦8.37.42 ❺古賀 貫之　1.19.32
早稲田大学	⑦ 14.37.24	⑥ 7.12.45	⑧1.33.04 望月 尚夫　1.33.04
		⑧ 7.24.39	⑥8.35.24 ❼小野 嘉雄　1.22.39
専修大学	⑧ 14.45.05	⑨ 8.04.28	⑤1.28.59 駒城 民柏　1.28.59
		①6.40.37	⑨9.18.51 ❶佐藤 忠司　1.14.23
東京農業大学	⑨ 15.45.49	⑧ 7.34.43	⑨1.33.18 守永 強一　1.33.18
		⑩ 8.11.06	⑧9.11.01 ❿渡辺 実　1.36.18
拓殖大学	⑩ 16.16.57	⑩ 8.25.30	⑩1.41.33 杉原 弘　1.41.33
		⑨ 7.51.27	⑩9.51.36 ❾入江 光行　1.26.06
青山学院	⑪ 16.41.59	⑪ 8.26.56	⑪1.47.13 森 豊　1.47.13
		⑪ 8.15.03	⑪10.06.24 ⓫清水 弘史　1.39.28

出所：関東学生陸上競技連盟『箱根駅伝70年史』および箱根駅伝公式webサイトをもとに作成
注：①、②……はチーム順位

資料2　箱根駅伝第22回（昭和18年）大会の順位変動表

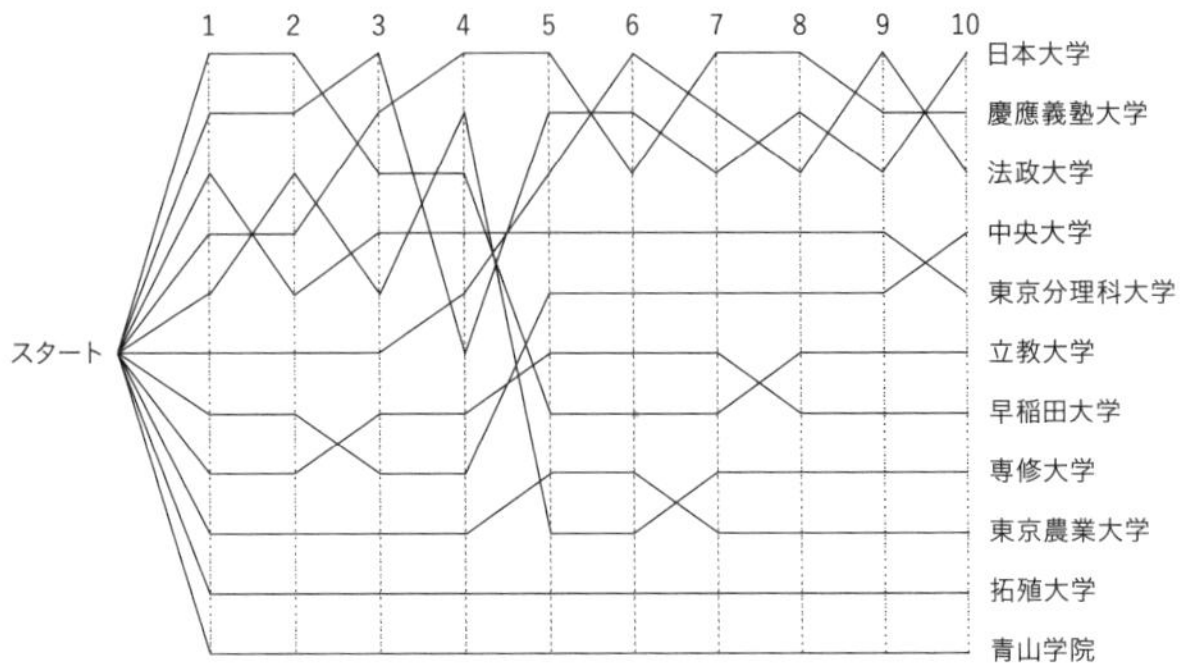

出所：『箱根駅伝70年史』をもとに作成

資料3　箱根駅伝第22回（昭和18年）大会のコース

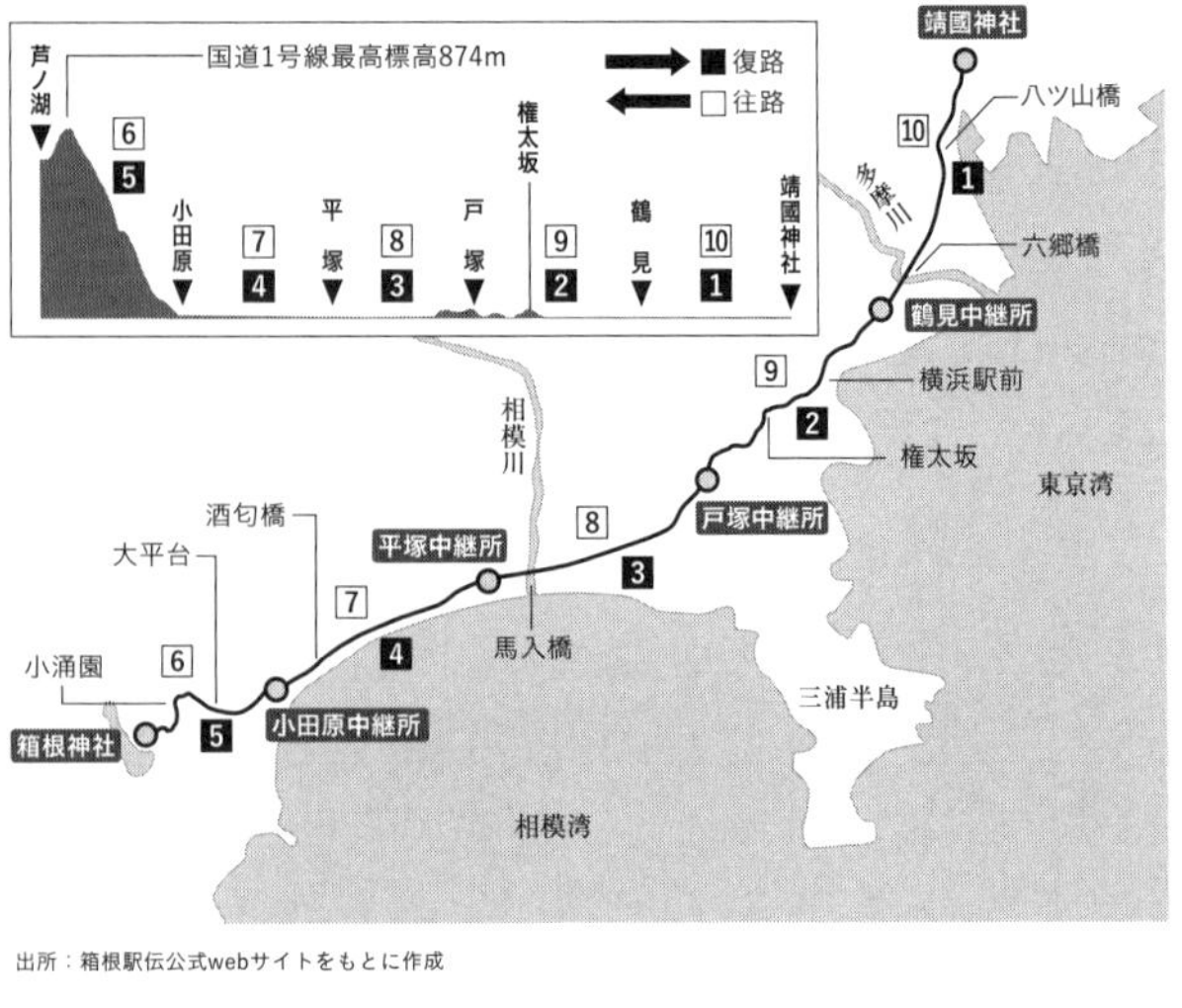

出所：箱根駅伝公式webサイトをもとに作成

写真提供者・出典一覧

行人坂教会教会史編纂委員会編『行人坂教会百年史』日本基督教団行人坂教会、二〇〇五年	114
月刊陸上競技	164、183
児玉孝正氏	139上、141
「齋藤陽之助・タネゆかりの〜いとこ会」(http://blogs.yahoo.co.jp/saitou_itokokai)	117
玉名市立歴史博物館こころピア	58下
中央公論新社写真部	12、104、256、265、266、267、353
成田隆司氏所蔵・日本大学広報部広報課データ提供	63、77、211、255
日本大学桜門陸友会『桜門陸友会会報』二〇一四年一二月	60
日本大学広報部広報課所蔵（塚本家寄贈）	2、3、119、189、230、254
百束武雄氏	161
靖國神社	4
読売新聞社	5、295
上記以外は著者撮影	

戦時下の箱根駅伝
「生と死」が染み込んだタスキの物語

著者　早坂　隆

2024年1月5日　初版発行

早坂隆（はやさか・たかし）
1973年、愛知県出身。ノンフィクション作家。『昭和十七年の夏　幻の甲子園』（文藝春秋）で第21回ミズノスポーツライター賞最優秀賞を受賞。著書に『指揮官の決断　満州とアッツの将軍　樋口季一郎』『永田鉄山　昭和陸軍「運命の男」』（ともに文春新書）、『大東亜戦争秘録』（育鵬社）などがある。顕彰史研究会顧問。

発行者　佐藤俊彦
発行所　株式会社ワニ・プラス
〒150-8482
東京都渋谷区恵比寿4-4-9 えびす大黒ビル7F
発売元　株式会社ワニブックス
〒150-8482
東京都渋谷区　恵比寿4-4-9 えびす大黒ビル
装丁　橘田浩志（アティック）
柏原宗績
DTP　株式会社ビュロー平林
印刷・製本所　大日本印刷株式会社

本書の無断転写・複製・転載・公衆送信を禁じます。落丁・乱丁本は
㈱ワニブックス宛にお送りください。送料小社負担にてお取替えいたします。
ただし、古書店で購入したものに関してはお取替えできません。
■お問い合わせはメールで受け付けております。
HPより「お問い合わせ」にお進みください。
※内容によってはお答えできない場合があります。
© Takashi Hayasaka 2024
ISBN 978-4-8470-6216-2
ワニブックスHP　https://www.wani.co.jp